BASISSEITE

Hier erfährst du das Wichtigste zu einem Thema.

Der Code führt dich zu **Animationen, Filmen und vertonten Texten**. Sie machen komplexe Inhalte verständlich.

Ein **Kapitel** besteht aus mehreren **Teilkapiteln.** Wenn ein Teilkapitel anfängt, siehst du einen blauen Kasten. Darin steht, was du im Teilkapitel lernst.

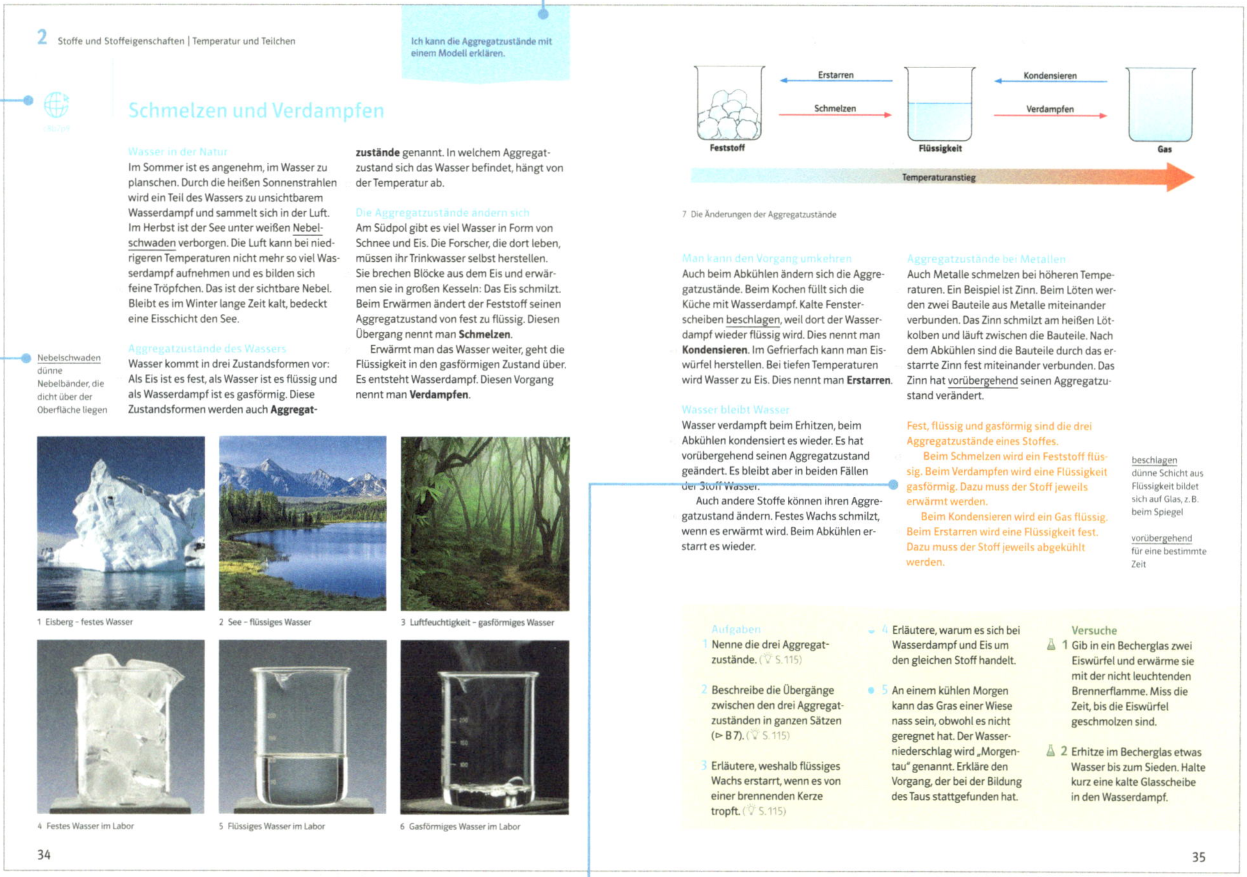

---

2 Stoffe und Stoffeigenschaften | Temperatur und Teilchen

Ich kann die Aggregatzustände mit einem Modell erklären.

Schmelzen und Verdampfen

Wasser in der Natur

Im Sommer ist es angenehm, im Wasser zu planschen. Durch die heißen Sonnenstrahlen wird ein Teil des Wassers zu unsichtbarem Wasserdampf und sammelt sich in der Luft. Im Herbst ist der See unter weißen Nebelschwaden verborgen. Die Luft kann bei niedrigeren Temperaturen nicht mehr so viel Wasserdampf aufnehmen und es bilden sich feine Tröpfchen. Das ist der sichtbare Nebel. Bleibt es im Winter lange Zeit kalt, bedeckt eine Eisschicht den See.

Aggregatzustände des Wassers

Wasser kommt in drei Zustandsformen vor: Als Eis ist es fest, als Wasser ist es flüssig und als Wasserdampf ist es gasförmig. Diese Zustandsformen werden auch **Aggregat-**zustände genannt. In welchem Aggregatzustand sich das Wasser befindet, hängt von der Temperatur ab.

Die Aggregatzustände ändern sich

Am Südpol gibt es viel Wasser in Form von Schnee und Eis. Die Forscher, die dort leben, müssen ihr Trinkwasser selbst herstellen. Sie brechen Blöcke aus dem Eis und erwärmen sie in großen Kesseln: Das Eis schmilzt. Beim Erwärmen ändert der Feststoff seinen Aggregatzustand von fest zu flüssig. Diesen Übergang nennt man **Schmelzen**.

Erwärmt man das Wasser weiter, geht die Flüssigkeit in den gasförmigen Zustand über. Es entsteht Wasserdampf. Diesen Vorgang nennt man **Verdampfen**.

Man kann den Vorgang umkehren

Auch beim Abkühlen ändern sich die Aggregatzustände. Beim Kochen füllt sich die Küche mit Wasserdampf. Kalte Fensterscheiben beschlagen, weil dort der Wasserdampf wieder flüssig wird. Dies nennt man **Kondensieren**. Im Gefrierfach kann man Eiswürfel herstellen. Bei tiefen Temperaturen wird Wasser zu Eis. Dies nennt man **Erstarren**.

Wasser bleibt Wasser

Wasser verdampft beim Erhitzen, beim Abkühlen kondensiert es wieder. Es hat vorübergehend seinen Aggregatzustand geändert. Es bleibt aber in beiden Fällen der Stoff Wasser.

Auch andere Stoffe können ihren Aggregatzustand ändern. Festes Wachs schmilzt, wenn es erwärmt wird. Beim Abkühlen erstarrt es wieder.

Aggregatzustände bei Metallen

Auch Metalle schmelzen bei höheren Temperaturen. Ein Beispiel ist Zinn. Beim Löten werden zwei Bauteile aus Metalle miteinander verbunden. Das Zinn schmilzt am heißen Lötkolben und läuft zwischen die Bauteile. Nach dem Abkühlen sind die Bauteile durch das erstarrte Zinn fest miteinander verbunden. Das Zinn hat vorübergehend seinen Aggregatzustand verändert.

Nebelschwaden
dünne Nebelbänder, die dicht über der Oberfläche liegen

7 Die Änderungen der Aggregatzustände

Fest, flüssig und gasförmig sind die drei Aggregatzustände eines Stoffes.

Beim Schmelzen wird ein Feststoff flüssig. Beim Verdampfen wird eine Flüssigkeit gasförmig. Dazu muss der Stoff jeweils erwärmt werden.

Beim Kondensieren wird ein Gas flüssig. Beim Erstarren wird eine Flüssigkeit fest. Dazu muss der Stoff jeweils abgekühlt werden.

beschlagen
dünne Schicht aus Flüssigkeit bildet sich auf Glas, z. B. beim Spiegel

vorübergehend
für eine bestimmte Zeit

1 Eisberg – festes Wasser

2 See – flüssiges Wasser

3 Luftfeuchtigkeit – gasförmiges Wasser

4 Festes Wasser im Labor

5 Flüssiges Wasser im Labor

6 Gasförmiges Wasser im Labor

Aufgaben

○ 1 Nenne die drei Aggregatzustände. (💡 S.115)

◑ 2 Beschreibe die Übergänge zwischen den drei Aggregatzuständen in ganzen Sätzen (▷ B7). (💡 S.115)

● 3 Erläutere, weshalb flüssiges Wachs erstarrt, wenn es von einer brennenden Kerze tropft. (💡 S.115)

◑ 4 Erläutere, warum es sich bei Wasserdampf und Eis um den gleichen Stoff handelt.

● 5 An einem kühlen Morgen kann das Gras einer Wiese nass sein, obwohl es nicht geregnet hat. Der Wasserniederschlag wird „Morgentau" genannt. Erkläre den Vorgang, der bei der Bildung des Taus stattgefunden hat.

Versuche

⚗ 1 Gib in ein Becherglas zwei Eiswürfel und erwärme sie mit der nicht leuchtenden Brennerflamme. Miss die Zeit, bis die Eiswürfel geschmolzen sind.

⚗ 2 Erhitze im Becherglas etwas Wasser bis zum Sieden. Halte kurz eine kalte Glasscheibe in den Wasserdampf.

34

35

Worterklärungen helfen dir beim Verstehen von schwierigen Alltagsbegriffen.

Der **Merksatz** fasst das Wichtigste zusammen.

Symbole im Buch

 Versuche für Schülerinnen und Schüler: Auch diese Versuche darfst du nur auf Anweisung der Lehrkraft durchführen. Du solltest die allgemeinen Hinweise zur Vermeidung von Unfällen beim Experimentieren kennen.

 Versuch für Lehrerinnen und Lehrer

 gefährlicher Versuch für Lehrerinnen und Lehrer: Hier müssen besondere Vorsichtsmaßnahmen getroffen werden.

🌐 Gib den Code auf https://schueler.klett.de in das Suchfeld ein. Er führt dich zu Filmen, Animationen und vertonten Texten.

○ einfache Aufgabe

◑ mittlere Aufgabe

● schwere Aufgabe

💡 Hilfen zu allen ○-Aufgaben ab Seite 116

LS Lesestrategien: Bei diesen Aufgaben trainierst du, mit Texten umzugehen.

▷ B 2 Verweis auf ein Bild

► Verweis auf eine andere Seite

Strategien zum Arbeiten mit diesem Buch

Arbeiten mit dem Buch (► S. 108)

Texte verstehen (► S. 109)

Aufgaben vertehen (► S. 110)

PRISMA | Chemie 5 | 6

Niedersachsen

Ariane Grimm
Ute Jung
Claudia Nagode
Reinhard Peppmeier
Andreas Peters
Meike Reinhold

Ernst Klett Verlag
Stuttgart · Leipzig

Inhalt

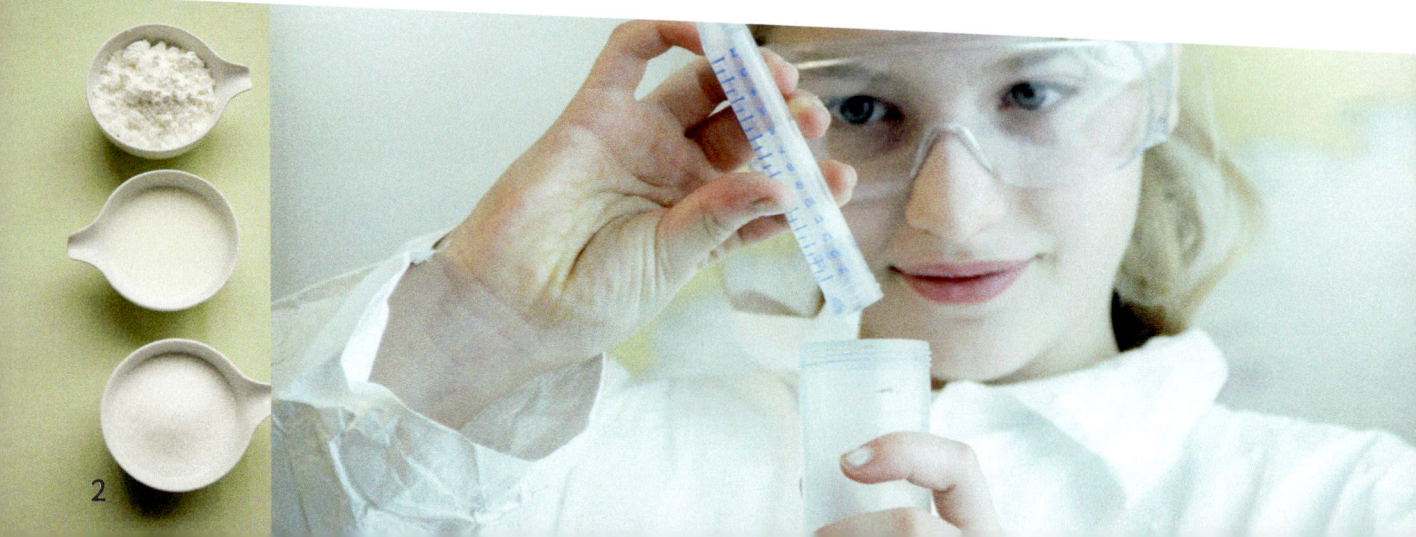

MK Medienkompetenz

Inhalt

MK Medienkompetenz

1 Sicherheit im Chemieunterricht

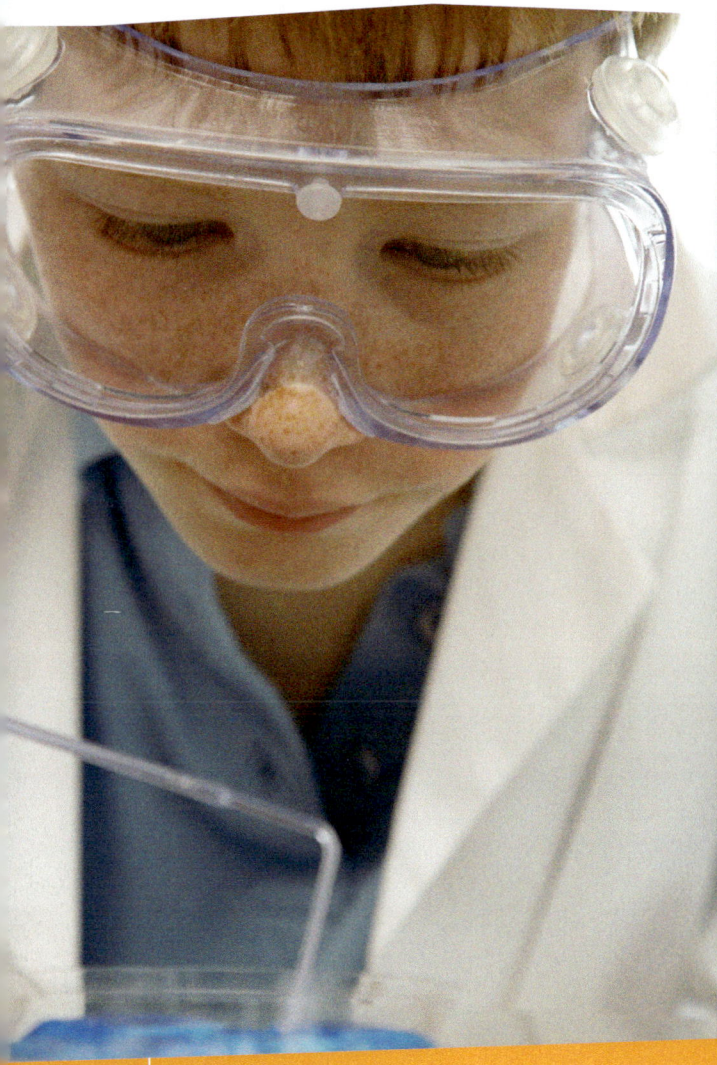

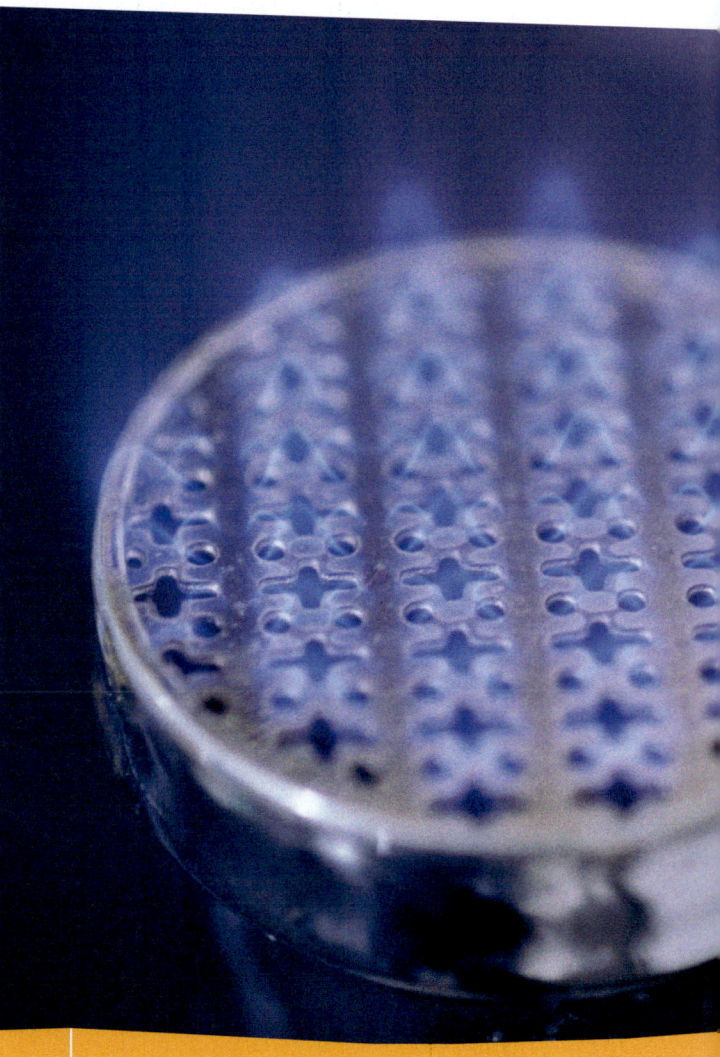

Welche Schutzkleidung muss man beim Experimentieren tragen?

Wie funktioniert ein Gasbrenner?

Mit welchen Geräten kann man Experimente durchführen?

Wie vermeidet man Unfälle beim Experimentieren?

v928ie

Sicher experimentieren im Fachraum

Experimentieren macht Spaß. Für das sichere Experimentieren im Fachraum müsst ihr jedoch Regeln einhalten. So werden Unfälle verhindert. In einer Laborordnung könnt ihr wichtige Verhaltensregeln für euren Fach-raum festlegen, auf Gefahren hinweisen und den Umgang mit Gefahrstoffen regeln. Macht euch mit den Sicherheits-einrichtungen vertraut, damit ihr im Notfall wisst, was zu tun ist.

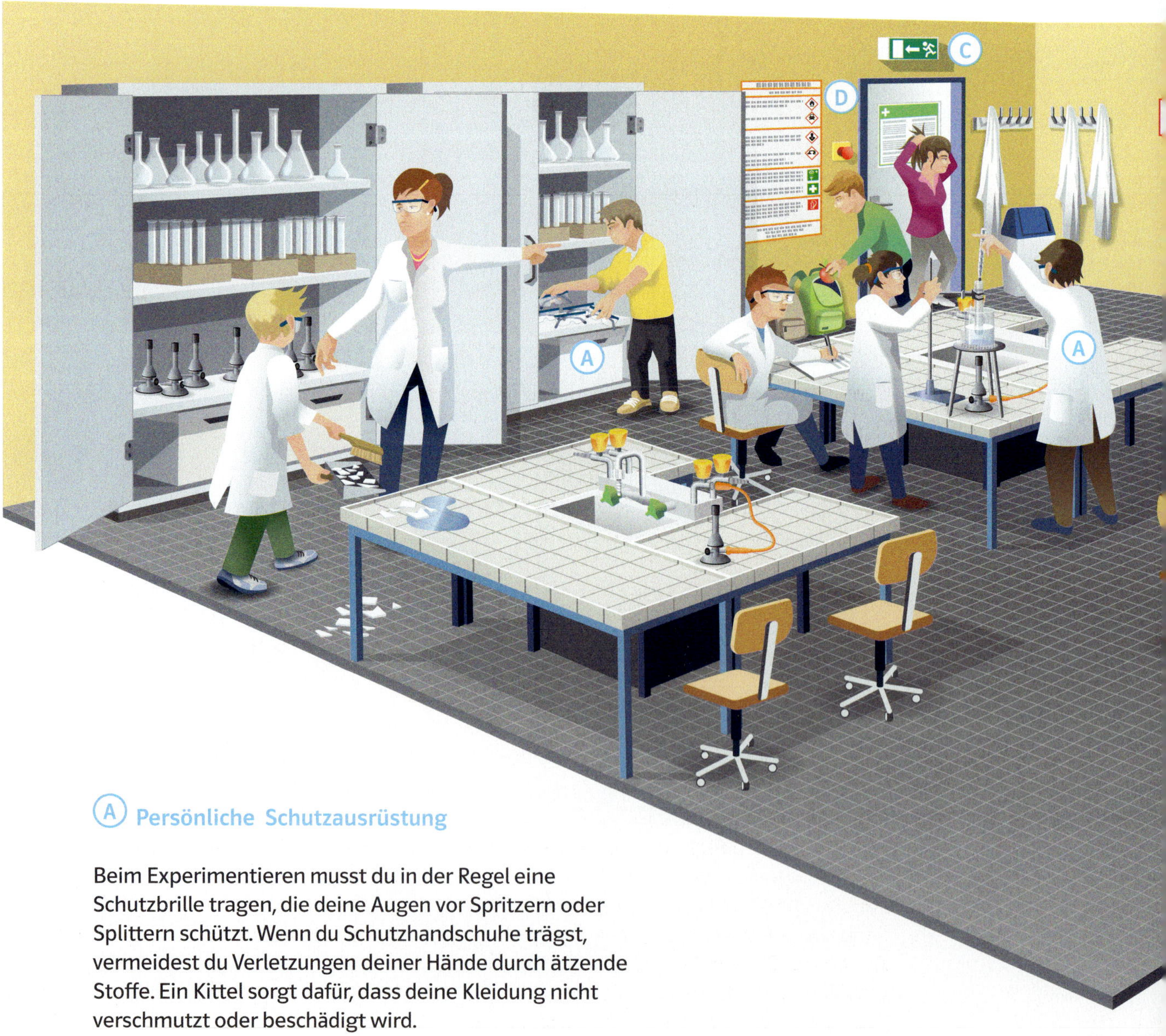

Ⓐ **Persönliche Schutzausrüstung**

Beim Experimentieren musst du in der Regel eine Schutzbrille tragen, die deine Augen vor Spritzern oder Splittern schützt. Wenn du Schutzhandschuhe trägst, vermeidest du Verletzungen deiner Hände durch ätzende Stoffe. Ein Kittel sorgt dafür, dass deine Kleidung nicht verschmutzt oder beschädigt wird.

B Umgang mit Chemikalien

Arbeite immer mit möglichst kleinen Mengen von
Chemikalien. Geruchsproben führst du durch Zufächeln
mit der Hand durch, weil Stoffe schädliche Dämpfe abgeben können. Geschmacksproben sind im Fachraum in
der Regel verboten. Reste einiger Chemikalien musst du
in bestimmte Entsorgungsgefäße geben.

D Brandschutz

Wenn ein Feuer ausbricht, drücke zuerst den
NOT-AUS-Schalter, um alle Strom- und Gaszu-
leitungen zu unterbrechen. Dann solltest du
versuchen, den Brand selbst zu bekämpfen:
Mit einer Löschdecke kannst du kleine,
gerade erst entstehende Feuer abdecken. Bei
einem größeren Brand oder einer brennenden Person musst du sofort einen Feuerlöscher zu Hilfe nehmen. Schaffst du es nicht,
das Feuer zu löschen, muss du die Feuerwehr
rufen.

**Im Fachraum gilt die Laborordnung. Sie
enthält verschiedene Verhaltensregeln, die
für Sicherheit sorgen.**

Aufgaben

○ 1 Zähle die Bestandteile der persönlichen Schutzausrüstung auf. (💡 S. 116)

○ 2 Benenne die Sicherheitseinrichtungen
im abgebildeten Fachraum und im
Fachraum deiner Schule. Beschreibe,
wozu diese Sicherheitseinrichtungen
dienen. (💡 S. 116)

◐ 3 Erstellt eine eigene Laborordnung mit
mindestens acht Verhaltensweisen für
den Fachraum.

◐ 4 Ein unordentlicher Arbeitsplatz ist
beim Experimentieren gefährlich.
Begründe dies an einigen selbst
gewählten Beispielen.

● 5 Fasse zusammen, wie man beim Experimentieren allgemein vorgehen sollte.

C Sicherheitseinrichtungen

Wenn du dich im Fachraum verletzt, gibt es
einen Erste-Hilfe-Kasten. Dort kannst du
Pflaster und weiteres Verbandsmaterial
finden. Eine Augendusche am Waschbecken
dient dazu, Chemikalien aus den Augen aus-
zuspülen. Falls alle wegen einer Gefahr den
Fachraum verlassen müssen, zeigt ein grünes
Schild den besten Fluchtweg an.

Richtiger Umgang mit Gefahrstoffen

Piktogramm	Bezeichnung	Gefahrenklasse
	GHS01 (Explodierende Bombe)	– Explosive Stoffe – Selbstzersetzliche Stoffe – …
	GHS02 (Flamme)	– Entzündbare Flüssigkeiten – Entzündbare Gase – …
	GHS03 (Flamme über einem Kreis)	– Entzündend wirkende Flüssigkeiten und Feststoffe – Entzündend wirkende Gase
	GHS04 (Gasflasche)	– Unter Druck stehende Gase
	GHS05 (Ätzwirkung)	– Metallkorrosiv – Hautätzend – Hautreizend – schwere Augen-schädigung – …

Piktogramm	Bezeichnung	Gefahrenklasse
	GHS06 (Totenkopf mit gekreuzten Knochen)	– Akute Toxizität
	GHS07 (Ausrufe-zeichen)	– Hautreizend – Augenreizend – Sensibilisierung der Haut – …
	GHS08 (Gesundheits-gefahr)	– Krebserzeugend – Erbgutverändernd – …
	GHS09 (Umwelt)	– Gewässergefährdend

1 Gefahrenpiktogramme und ihre Bedeutung

Gefahrstoffe im Haushalt und im Labor

Bestimmt sind dir schon einmal die farbigen Symbole aufgefallen, die beispielsweise auf die Behälter von manchen Reinigungsmitteln aufgedruckt sind (▷ B 2).

In solchen Behältern befinden sich **Gefahrstoffe**, die mit verschiedenen Symbolen gekennzeichnet sind. Die Symbole heißen **Gefahrenpiktogramme** und zeigen, welche Gefahr von einem Stoff ausgeht (▷ B 1). Du findest die Piktogramme nicht nur auf Etiketten im Haushalt, sondern auch auf einigen Chemikaliengefäßen.

Mit Gefahrstoffen musst du immer besonders vorsichtig umgehen, da sie durch Einatmen, Verschlucken oder durch die Haut in deinen Körper gelangen können (▷ B 3). Vor solchen Stoffen schützen dich eine Schutzbrille und Schutzhandschuhe.

Um seine Haut besser vor Gefahrstoffen zu schützen, sollte man über die Kleidung noch einen Kittel anziehen.

Das Sicherheitsetikett

Auf Behältern mit Gefahrstoffen findet man besondere Etiketten, die Hinweise für den sicheren Umgang mit diesen Stoffen enthalten. In der Regel findet man vier Angaben auf einem Sicherheitsetikett: Gefahrenpiktogramme, Signalwörter, Gefahrenhinweise und Sicherheitshinweise.

Die Gefahrenpiktogramme

Ein Gefahrenpiktogramm umfasst häufig mehrere Gefahrenklassen (▷ B 1). So kann z. B. das Gefahrenpiktogramm GHS05 bedeuten, dass der Stoff zur Gefahrenklasse „Metallkorrosiv", „Hautreizend", „Hautätzend",

2 Gefahrstoffe im Haushalt

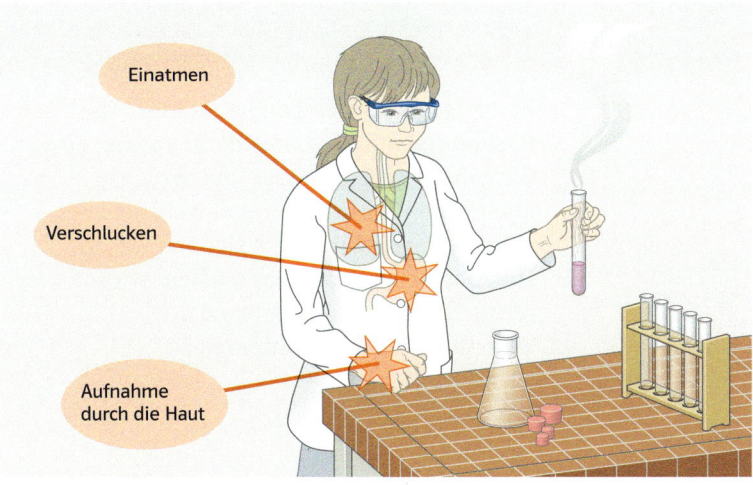

Einatmen

Verschlucken

Aufnahme
durch die Haut

3 Aufnahmewege von Gefahrstoffen

„Schwere Augenschädigung" oder „Augenreizung" gehört.

Signalwörter

40 Signalwörter geben Auskunft über das
Ausmaß der Gefährdung. Es gibt zwei unterschiedliche Signalwörter:

Gefahr	für schwerwiegende Gefahren
Achtung	für weniger schwer-wiegende Gefahren

45 ### Gefahrenhinweise – Sicherheitshinweise

Die **Gefahrenhinweise** sind in den H-Sätzen
zusammengefasst (englisch: hazard, Gefahr).
H-Sätze weisen auf die besonderen Gefahren
beim Umgang mit einem Gefahrstoff hin.

50 Die **Sicherheitshinweise** sind in den
P-Sätzen enthalten (englisch: precautionary,
vorbeugend). P-Sätze geben Ratschläge
für den sicheren und sachgerechten Umgang
mit einem Gefahrstoff.

55 ### Entsorgung von Gefahrstoffen

Gefahrstoffreste, die nach einem Experiment
übrig bleiben, werden in ein dafür vorgesehe-
nes und gekennzeichnetes Sammelgefäß gegeben (► S. 130). Reste von Gefahrstoffen im
60 Haushalt werden bei einem Schadstoff-Mobil
oder bei einer Sammelstelle abgegeben.

**Gefahrstoffe sind durch Gefahrenpikto-
gramme und Signalwörter gekennzeichnet.
H-Sätze informieren über besondere
65 Gefahren. P-Sätze geben Ratschläge für den
sicheren und sachgerechten Umgang.**

schwerwiegend
von großer
Bedeutung

Aufgaben

1 Zähle vier Angaben auf
einem Sicherheitsetikett
auf. (💡 S. 116)

2 Nenne verschiedene
Möglichkeiten, wie du
dich vor Gefahrstoffen
schützen kannst. (💡 S. 116)

3 Erläutere den Unterschied
zwischen einem H-Satz und
einem P-Satz.

4 Beim Experimentieren werden immer möglichst kleine
Chemikalienmengen ver-
wendet. Gib unterschiedliche
Gründe an.

5 Welches Signalwort wird
angegeben, wenn bei
einem Gemisch aus zwei
Chemikalien beide Signal-
wörter zutreffen? Begründe.

v928ie

So funktioniert der Gasbrenner

Bei vielen Versuchen benutzt man einen **Gasbrenner** als Wärmequelle. Er wird an eine Gasleitung angeschlossen, durch die ein brennbares Gas in das Brennerrohr strömt. Im Brennerrohr vermischt sich das Gas mit Luft. Das Gemisch aus Gas und Luft wird entzündet. Ein häufig verwendeter Gasbrenner ist der Teclubrenner.

Flammentemperaturen:
< 900 °C   < 1100 °C   < 1500 °C

A   B   C

Aufbau und Funktionsweise des Teclubrenners

Brennerrohr
Hier strömt das Gemisch aus Gas und Luft nach oben.

Gasdüse
Durch diese feine Düse strömt das Gas in das Brennerrohr ein und zieht die Luft mit.

Gas
Luft

Luftzufuhr

Luftregler
Je weiter diese Schraube nach unten gedreht wird, umso mehr Luft strömt von der Seite in den Gasbrenner ein.

auf
zu

zu
auf

Gaszufuhr

Gasregler
Dieser reguliert die einströmende Gasmenge.

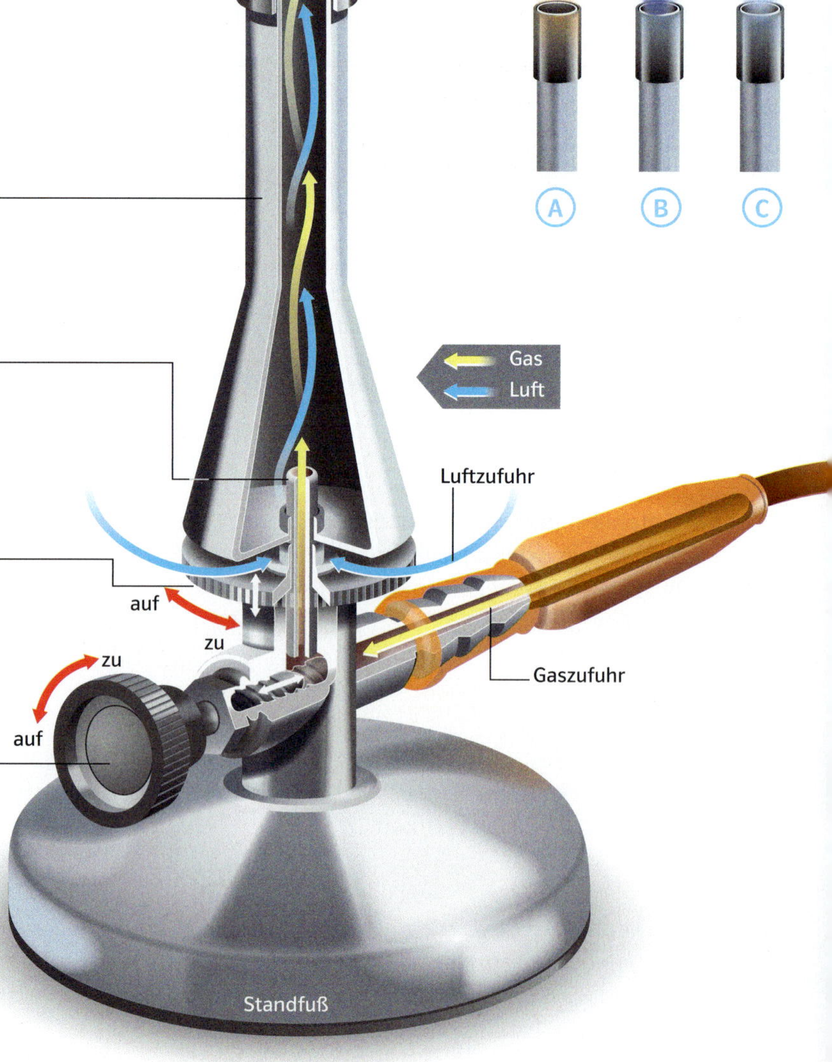

Standfuß

Die Flammentypen

Beim Gasbrenner gibt es drei unterschiedliche Flammentypen:

Ⓐ leuchtende Flamme
Ist die Luftzufuhr geschlossen, entsteht eine gelbe, rußende Flamme, die nicht so heiß ist.

Ⓑ nicht leuchtende Flamme
Öffnet man die Luftzufuhr, wird Luft angesaugt. Die Flamme ist bläulich und heißer.

Ⓒ rauschende Flamme
Dreht man die Luftzufuhr noch weiter auf, ist ein Rauschen zu hören. Diese Flamme ist am heißesten.

Der Gasanschluss am Arbeitsplatz

zu

auf

Sicherheitsventil
Durch Drücken und Drehen nach links öffnet sich die Gaszufuhr am Gashahn. Durch Drehen nach rechts schließt sie sich.

Sicherheitsschlauch

Über die Luftzufuhr kann man am Gasbrenner eine leuchtende, eine nicht leuchtende oder eine rauschende Flamme einstellen.

Aufgaben

1 Beschreibe, wie du die unterschiedlichen Flammentypen am Gasbrenner einstellen kannst. (💡 S. 116)

2 Erkläre, wofür im Bild die kleinen
LS Pfeile im Brennerrohr stehen.

3 Erläutere, weshalb man immer im Stehen mit dem Gasbrenner arbeiten sollte.

4 Kerzenflammen kann man auspusten. Begründe, warum man das bei der Flamme des Gasbrenners nicht tun darf.

Umgang mit dem Gasbrenner

1 So bedienst du den Gasbrenner

Material

Schutzbrille, Haarband (bei langen Haaren), Gasbrenner, Streichhölzer oder Feuerzeug

Versuchsanleitung

a) Setze die Schutzbrille auf. Binde lange Haare zusammen. Entferne brennbare Gegenstände vom Tisch. Sieh dir noch einmal den Aufbau des Gasbrenners an (► S. 12/13).

b) Schließe den Gasregler und den Luftregler am Gasbrenner. Verbinde den Gasbrenner mit dem Gasanschluss an deinem Arbeitsplatz.

c) Stelle den Gasbrenner stabil in die Mitte des Tisches. Achte darauf, dass der Sicherheitsschlauch nicht verdreht ist.

d) Öffne das Sicherheitsventil am Gashahn. Entzünde ein Streichholz oder Feuerzeug und halte es über die Öffnung des Brennerrohrs. Öffne nun den Gasregler am Gasbrenner und entzünde das ausströmende Gas. Halte den Kopf fern.

e) Stelle mithilfe des Luftreglers die verschiedenen Flammentypen ein.

f) Schließe zum Ausschalten des Gasbrenners zuerst den Luftregler und dann das Sicherheitsventil am Gashahn. Drehe zum Schluss den Gasregler wieder zu.

2 Flammenzonen

Material

Schutzbrille, Gasbrenner, Magnesiastäbchen, Holzstäbchen

Versuchsanleitung

a) Stelle die rauschende Flamme ein. Halte das Magnesiastäbchen in verschiedenen Höhen in die Flamme (▷ B 1).

b) Führe das Holzstäbchen waagerecht durch den unteren Bereich der rauschenden Flamme. Arbeite rasch und achte darauf, dass das Stäbchen kein Feuer fängt.

Aufgaben

1. Notiere deine Beobachtungen und formuliere eine Vermutung, wie sie mit der Temperatur der Flamme zusammenhängen.

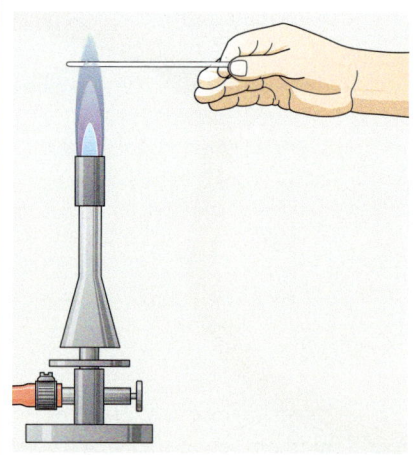

1 So untersuchst du die Flammenzonen der rauschenden Flamme.

3 Erhitzen von wenig Wasser

Material

Schutzbrille, Gasbrenner, Reagenzglasgestell, Reagenzglashalter, Reagenzglas, Siedesteinchen, Wasser

Versuchsanleitung

a) Fülle ein Reagenzglas zwei Finger breit mit Wasser und füge 4 – 5 Siedesteinchen hinzu.

b) Stelle die nicht leuchtende Flamme am Gasbrenner ein.

c) Halte das Reagenzglas leicht schräg und achte darauf, dass die Öffnung auf keine Person zeigt (▷ B2).

d) Erhitze das Wasser bis zum Sieden. Bewege das Reagenzglas dabei ein wenig, um einen Siedeverzug (plötzliches Aufschäumen) zu vermeiden.

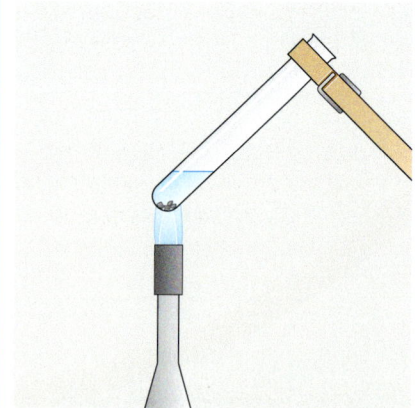

2 Erhitzen von Wasser im Reagenzglas

Aufgaben

○ 1 Schreibe für einen Partner eine eigene Anleitung zur Bedienung des Gasbrenners . (💡 S. 116)

⊝ 2 Erläutere, warum du beim Ausschalten des Gasbrenners zuerst das Sicherheitsventil am Gashahn und nicht erst den Gasregler schließt.

● 3 Erstelle für den Versuch „Erhitzen von wenig Wasser" ein vollständiges Versuchsprotokoll. (► S. 111)

Glasgeräte herstellen

v928ie

1 Glasbläser bei der Arbeit

2 Verarbeitung von Glas

Tätigkeiten eines Glasbläsers

Glasbläser formen aus Glasrohren Gegenstände wie Thermometer und andere Laborgeräte. Sie stellen aber auch Christbaumkugeln oder künstliche Augen aus Glas her.
5 Glasbläser arbeiten dabei mit einem speziellen Gasbrenner und müssen Hitze aushalten können (▷ B 1).

Glassorten für Labor und Alltag

10 Es gibt verschiedene Glassorten. Sie unterscheiden sich in ihrer Zusammensetzung und der Erweichungstemperatur. Die Glassorten werden für unterschiedliche Einsatzgebiete verwendet (▷ B 3). Glasgeräte aus Glassorten
15 mit einer hohen Erweichungstemperatur sind hitzebeständiger und werden deshalb beispielsweise für Reaktionskolben verwendet,

welche auch bei hohen Temperaturen stabil sein müssen.

Die Verarbeitung von Glas

20 Für die Herstellung von Glasgeräten wird ein Glasrohr mithilfe eines Gasbrenners erhitzt. Sobald es gelb glüht und weich wird, kann das Glasrohr bearbeitet werden. Es kann gebogen, zu Kugeln geblasen oder wie Karamell
25 in die Länge gezogen werden (▷ B 2).

Glassorte	Erweichungs-temperatur in °C	Verwendung
Normalglas	ca. 700	Flaschen
Borosilicatglas	ca. 790	Bechergläser, Thermometer, Reagenzgläser
Duranglas 50®	ca. 815	Reaktionskolben, Reagenzgläser

3 Verschiedene Glassorten und ihre Verwendung

Aufgaben

1 Wie kannst du verschiedene Glassorten voneinander unterscheiden?

2 Begründe, warum
LS Reagenzgläser sowohl aus Borosilicatglas als auch aus Duranglas 50® hergestellt werden. Nutze hierfür die Tabelle (▷ B 3) und den Text.

3 Recherchiere, welche Arbeitsgeräte ein Glasbläser verwendet. (► S. 112)

Versuch

1 Halte für die Herstellung eines Trinkhalms aus Glas ein Glasrohr (15 cm lang) mit einer Reagenzglasklammer an einem Ende fest. Erwärme das andere Ende des Glas-

rohrs vorsichtig in der rauschenden Brennerflamme. Denke daran, das Rohr ständig zu drehen. Sobald das Glasrohr gelb glüht, kannst du es aus der Flamme nehmen. Lege das Glasrohr auf einen Holzblock und biege es mithilfe einer Tiegelzange in einen gewünschten Winkel. Lass es dann abkühlen.

v928ie

Laborgeräte bedienen

Material 1

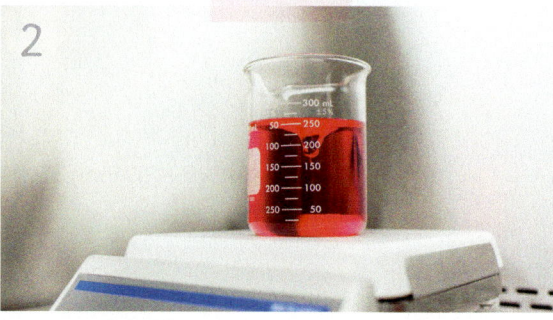

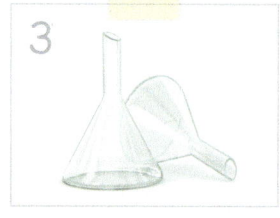

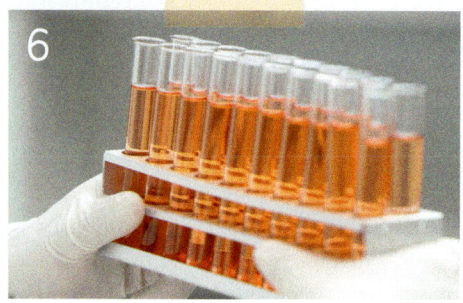

Material 2

So entsteht eine Schnittzeichnung

Material 3

Die Waage

Es gibt viele verschiedene Waagen. Mit manchen bestimmst du dein Gewicht. Mit anderen kannst du die Masse von Stoffen bestimmen: in der Küche von Backzutaten und im Labor von Chemikalien. Der Aufbau der Waagen ist aber immer ähnlich.

Lisa:	Ich brauch' mal Hilfe.
Ahmed:	Was ist denn los?
Lisa:	Ich habe mir eine neue digitale Küchenwaage gekauft, aber ich verstehe nicht, was die Beschriftung der Knöpfe bedeutet.
Ahmed:	Was steht denn auf den Knöpfen?
Lisa:	Auf dem einen Knopf steht „Off", auf dem anderen „On/Tara" – was heißt das?
Ahmed:	„Off" bedeutet „ausschalten", damit schaltest du die Waage aus. „On" ist der Knopf zum Einschalten und „Tara" bedeutet, dass du die Waage auf „0" einstellen kannst.
Lisa:	O.k., aber wenn ich „On" drücke, zeigt die Waage doch schon Null an. Wozu brauche ich dann Tara?
Ahmed:	Du kannst ein Gefäß draufstellen und die Waage dann nochmal auf Null stellen. So kannst du deine Zutaten ganz leicht abmessen.
Lisa:	Danke, dann wiege ich jetzt mal meine Zutaten alle ab…

Aufgaben

1 Sieh dir die Laborgeräte in Material 1 an.

a) Ordne jedem Gerät (▷ B1 – 9) den richtigen Namen zu, indem du die Laborgeräte-Seite 131 zu Hilfe nimmst. (💡 S. 116)

b) Gib an, wozu man das jeweilige Gerät braucht.

2 Sieh dir Material 2 an.

a) Hole dir fünf verschiedene Laborgeräte aus dem Materialschrank und erstelle zu jedem Laborgerät mithilfe von Material 2 eine Schnittzeichnung. (💡 S. 116)

b) Benenne deine Geräte mithilfe der Seite 131 und beschrifte deine Schnittzeichnungen. (💡 S. 116)

3 Lies Material 3 und erläutere, was die Knöpfe auf einer digitalen Waage bedeuten. (💡 S. 116)

4 Untersucht gemeinsam, wie die Waage funktioniert, die es bei euch im Fachraum gibt.

a) Wiegt in einer Abdampfschale genau 10 Gramm Kochsalz ab.

b) Vergleicht die Waage mit der Küchenwaage, die in Material 3 beschrieben wird.

c) Erklärt euch gegenseitig, wie eure Waage bedient werden muss.

d) Findet heraus, wodurch die Waage negative Werte anzeigen kann. Beschreibt.

5 Erstelle mithilfe von Material 1 und 2 ein Laborgeräte-Memory. Erstelle 10 Kärtchen mit passenden Schnittzeichnungen und 10 Kärtchen mit dem richtigen Namen. Spiele das Memory am Schluss mit einem Partner oder Partnerin.

6 Es gibt auch sogenannte Feinwaagen, auf denen man kleinste Mengen abwiegen kann. Sie reagieren aber bereits auf Wind oder Unebenheiten der Unterlage. Entwickelt im Team eine Skizze für eine solche Waage.

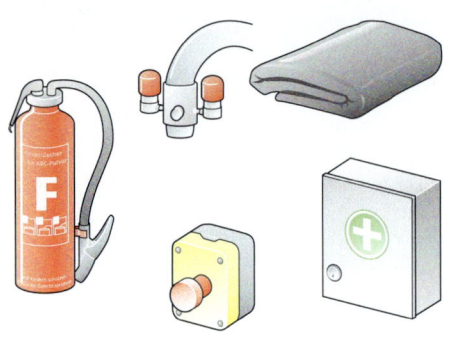

1 Sicherheitseinrichtungen

Sicherheitseinrichtungen

Zu den Sicherheitseinrichtungen im Fachraum Chemie gehören der NOT-AUS-Schalter, der Feuerlöscher, die Löschdecke, die Augen
5 dusche und der Erste-Hilfe-Kasten (▷ B 1).

Schutzausrüstung

Zur persönlichen Schutzausrüstung gehören die Labor-Schutzbrille, die Labor-Schutzhandschuhe und ein Labor-Kittel.

10 ### Laborordnung

Für ein sicheres und erfolgreiches Experimentieren ist es wichtig, Verhaltensregeln einzuhalten. Diese werden in einer Laborordnung festgehalten.

15 ### Versuchsprotokoll

Ein Versuchsprotokoll ist übersichtlich und klar gegliedert. Das Versuchsprotokoll besteht aus: Name (des Protokollanten), Datum, Thema des Versuchs, Geräte und Materialien,
20 Versuchsaufbau, Sicherheitsmaßnahmen, Versuchsanleitung, Beobachtungen, Auswertung und Entsorgung.

Gasbrenner

Gasbrenner werden häufig verwendet, um
25 Stoffe zu erhitzen. Bei geöffneter Gaszufuhr kann man über die Luftzufuhr am Gasbrenner eine leuchtende, nicht leuchtende oder rauschende Flamme einstellen. Meist wird mit der nicht leuchtenden Flamme gearbeitet.

30 ### Laborgeräte

Für jeden Zweck gibt es im Fachraum ein passendes Laborgerät. Zu den wichtigsten Geräten gehören Reagenzgläser, Bechergläser, Erlenmeyerkolben und Messzylinder (▷ B 2).

35 ### Gefahrstoffe

Manche Chemikalien sind Gefahrstoffe. Dann gibt das Chemikalien-Etikett Hinweise auf die Gefahren und den sicheren Umgang. Dazu gehören:
40 – das Gefahrenpiktogramm
– die Gefahrenhinweise (H-Sätze)
– die Sicherheitshinweise (P-Sätze)
– die Signalwörter „Gefahr" und „Achtung".

Entsorgung

45 Chemikalien-Abfälle sind oft Sonderabfälle. Sie müssen deshalb in gekennzeichnete Entsorgungsgefäße gegeben werden.

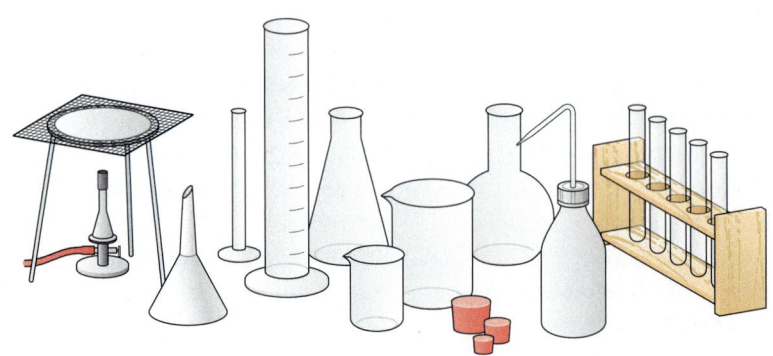

2 Einige wichtige Laborgeräte

1 Mit diesen Geräten arbeitet man in einem Labor.

1 Der Fachraum Chemie muss mit besonderen Sicherheitseinrichtungen ausgestattet sein. Zähle sie auf und erläutere ihre Funktionen.
► S.8/9

2 Begründe, weshalb es besonders wichtig ist, dass alle im Fachraum Chemie den Ort des NOT-AUS-Schalters genau kennen.
► S.8/9

3 Das Tragen einer Schutzbrille ist in der Laborordnung geregelt. Nenne weitere Angaben einer Laborordnung.
► S.8/9

4 Zu jedem Experiment gehört ein Versuchsprotokoll. Beschreibe, wie ein Versuchsprotokoll aufgebaut ist.
► S.111

5 Gefahrstoffe sind besonders gekennzeichnet. Zähle wichtige Angaben bei der Kennzeichnung auf und erläutere ihre Bedeutung.
► S.10/11

6 Gesundheitsgefährdende Stoffe können auf verschiedenen Wegen in den Körper gelangen. Beschreibe diese.
► S.10/11

7 Tina ist Brillenträgerin und weigert sich deshalb, bei einem Versuch eine Schutzbrille aufzusetzen. Beurteile dies.
► S.10/11

8 Eines der wichtigsten Laborgeräte ist der Gasbrenner.
a) Nenne die Bestandteile eines Gasbrenners.
► S.12/13
b) Welche Schritte sind notwendig, um einen Gasbrenner in Betrieb zu setzen? Beschreibe genau.
► S.12/13

9 Mit dem Gasbrenner kannst du unterschiedliche Flammentypen erzeugen.
a) Nenne den Flammentyp, den du beim Erhitzen einer Flüssigkeit wählst.
b) Wie sollte die Luftzufuhr eines Gasbrenners in einer Experimentierpause eingestellt werden? Begründe.
► S.12/13

10 Kennst du die wichtigsten Laborgeräte? Nenne das Laborgerät, das sich hinter folgender Beschreibung verbirgt: Das Gefäß wird zum Eindampfen von Lösungen benutzt. Es darf nicht im heißen Zustand mit kaltem Wasser abgespült werden.
► S.16/17

11 Warum sollte eine Löschdecke nicht zum Löschen von Personen eingesetzt werden? Begründe.
► S.8/9

2 Stoffe und Stoffeigenschaften

Warum wird Besteck aus unterschiedlichen Materialien hergestellt?

Warum haben Stromkabel einen Kunststoffüberzug?

Welche weißen Stoffe kennst du?
Erstelle eine Liste.

Wie kommt die Farbe aus dem Beutel in den Tee?

Wie kann ich Stoffe voneinander unterscheiden?

c8b7p9

Gegenstände und Stoffe

Stoffe in den Naturwissenschaften

Überall im Leben benutzen wir **Gegenstände**: Wir schreiben mit Stiften, wir trinken aus Gläsern und essen von Tellern. Gegenstände haben immer eine bestimmte Form. Aus Sicht der Chemie ist es aber vor allem interessant, aus welchen Materialien die Gegenstände bestehen. Materialien nennt man in der Chemie **Stoffe**. Damit sind nicht nur die Stoffe von Kleidungsstücken gemeint, sondern alle Materialien, die zu Gegenständen verarbeitet werden.
(▶ Stoffe und Teilchen, S. 102/103)

Ein Gegenstand, viele Stoffe

Gegenstände wie Tassen können aus verschiedenen Stoffen hergestellt werden: aus Glas, Porzellan, Metall oder Kunststoff (▷ B 1). Der Stoff bestimmt die unterschiedlichen Eigenschaften der Tassen. So haben Tassen aus Porzellan und Glas eine glatte, harte Oberfläche und sind daher leicht zu reinigen. Tassen aus Metall sind bruchsicher. Tassen aus Kunststoff sind oft Einwegtassen. Sie sind zwar preiswert, aber nicht sehr stabil. Nach dem Gebrauch werden sie meist in den Müll geworfen.

Ein Stoff, viele Gegenstände

Wenn eine Glasflasche zerbrochen ist, so ist sie nicht mehr als Behälter zu gebrauchen. Aus dem Stoff Glas können aber wieder neue Flaschen hergestellt werden. Glas eignet sich jedoch nicht nur zur Herstellung von Flaschen. Auch andere Gegenstände können aus Glas hergestellt werden, z. B. Trinkgläser, Schüsseln, Fensterscheiben oder Gläser für Konserven (▷ B 2).

Gegenstände bestehen aus unterschiedlichen Materialien. In der Chemie werden Materialien als Stoffe bezeichnet.

bruchsicher
zerbricht nicht leicht

Konserve
länger haltbar gemachte Lebensmittel

1 Ein Gegenstand, viele Stoffe

2 Ein Stoff, viele Gegenstände

Aufgaben

1 Nenne einen anderen Begriff für die chemische Bezeichnung „Stoff". (S. 116)

2 Beschreibe an fünf Gegenständen, aus welchen Stoffen sie hergestellt werden können. (S. 116)

3 Einweggeschirr besteht häufig aus Kunststoff. Erläutere die Vorteile und Nachteile.

4 Ein Brillenglas kann aus Kunststoff oder aus Glas bestehen. Formuliere eine Vermutung, aus welchem Stoff die Brillengläser von Schutzbrillen bestehen. Begründe.

Stoffe mit den Sinnen überprüfen

Suche dir einen Partner oder eine Partnerin. Führt die Versuche gemeinsam durch. Lest euch für jeden Versuch zunächst die Versuchsanleitung sorgfältig durch. Bestimmt, wer von euch Person A und wer Person B ist.

1 Sehen

Material

Schutzbrille, Schal, 6 Kunststoffdosen (davon sind 3 mit dem Buchstaben A und 3 mit dem Buchstaben B gekennzeichnet) mit verschiedenen Stoffen (z. B. Kupferblech, Schokolade, Zuckerwürfel, farbloser Glasstein, Aluminiumfolie, Styropor®)

Versuchsanleitung

a) Person A werden die Augen mit dem Schal verbunden.
b) Person B öffnet nacheinander die Dosen mit dem Buchstaben A und beschreibt die sichtbaren Stoffeigenschaften (Farbe, Glanz, Oberflächen-Beschaffenheit usw.).
c) Person A versucht anhand der Beschreibungen, den Stoff zu erraten.
d) Danach wird gewechselt und Person A beschreibt die Stoffe in den Dosen mit dem Buchstaben B.

Aufgabe

1. Notiere die Stoffe, die du richtig erraten hast.
2. Erläutere, an welcher Kombination von Eigenschaften du den Stoff erkannt hast.
3. Nenne vier weitere Stoffe, die sich deutlich in ihrem Aussehen unterscheiden.

2 Tasten und Fühlen

Material

2 Stoffbeutel A und B jeweils gefüllt mit 4 Kugeln aus verschiedenen Stoffen (z. B. Holz, hartem Kunststoff, Schaumstoff, Styropor®, Metall, Porzellan, Stein, Glas)

Versuchsanleitung

a) Person B hält den Beutel A so vor Person A, dass sie nicht sehen kann, was sich im Beutel befindet.
b) Durch Fühlen versucht Person A festzustellen, aus welchen Stoffen die einzelnen Kugeln gefertigt sind.
c) Danach wird gewechselt und Person B ertastet die Kugeln in Beutel B.

Aufgabe

1. Notiere die Stoffe, die du richtig erraten hast.
2. Notiere, ob sich die Kugeln kalt oder warm, rau oder glatt, hart oder weich anfühlen.

3 Riechen

Material

8 kleine Kunststoffdöschen (davon sind 4 mit dem Buchstaben A und 4 mit dem Buchstaben B gekennzeichnet) jeweils gefüllt mit verschiedenen Stoffen (z. B. Kaffeepulver, Zimtpulver, Currypulver, Paprikapulver, Muskatnusspulver, Oregano, Thymian, Pfefferminze)

Versuchsanleitung

a) Person B gibt Person A nacheinander ein geöffnetes Döschen mit dem Buchstaben A zur Geruchsprobe.
c) Person A fächelt sich mit der Hand den Geruch jeweils vorsichtig zu und versucht, den Stoff am Geruch zu erkennen (▷ B 1).
d) Danach wird gewechselt und Person B versucht, 4 Stoffe am Geruch zu erkennen.

Aufgabe

1. Notiere die Stoffe, die du richtig erraten hast.
2. Beschreibe die Art des Geruchs der Stoffe, die du erkannt hast.
3. Nenne vier Stoffe, die sich deutlich im Geruch unterscheiden.

1 Zufächeln einer Duftprobe

Stoffe und Stoffeigenschaften

1 Löffel aus unterschiedlichen Stoffen

Einen Löffel aus Metall kannst du leicht von einem Löffel aus Kunststoff oder einem Löffel aus Holz unterscheiden (▷ B 1). All diese Stoffe haben nämlich unterschiedliche
5 Stoffeigenschaften. Viele **Stoffeigenschaften** kannst du mit den Sinnen wahrnehmen. (► Stoffe und Teilchen, S. 102/103)

Aussehen eines Stoffes

Mit deinen Augen siehst du sofort, welche
10 **Farbe** ein Stoff hat. Auch der **Glanz** der Oberfläche ist eine Stoffeigenschaft, die du mit den Augen wahrnehmen kannst.

Geschmack und Geruch

fächeln
mit der Hand die
Luft bewegen

Viele Stoffe unterscheiden sich durch ihren
15 **Geschmack**: Zitronensaft schmeckt sauer,

Grapefruitsaft ist etwas bitter. Schokolade hat einen süßen Geschmack und Meerwasser schmeckt salzig. Im Fachraum sind Geschmacksproben jedoch verboten!
20 Stoffe wie z. B. Essig haben einen typischen **Geruch**. Rieche nie direkt an einem unbekannten Stoff. Der Stoff könnte schädliche Dämpfe abgeben und die Nasenschleimhäute reizen. Fächle immer mit der
25 Hand über der Probe, wenn du den Geruch bestimmen möchtest!

Tasten und Fühlen

Manche Stoffe haben eine raue Oberfläche, andere fühlen sich weich oder glatt an. Mit
30 den Fingern kannst du die **Oberflächen-Beschaffenheit** eines Stoffes ertasten. Fasse im Unterricht nur Stoffe an, wenn es ausdrücklich erlaubt wurde!

Mit den Ohren erkennen

35 Mit dem Hörsinn kannst du Gegenstände aus unterschiedlichen Stoffen voneinander unterscheiden: Ob Flaschen aus Glas oder aus Kunststoff aneinanderstoßen, erkennst du am **Klang**.

40 **Verschiedene Stoffe haben unterschiedliche Stoffeigenschaften.**
Farbe, Glanz, Geschmack, Geruch, Oberflächen-Beschaffenheit und Klang sind Stoffeigenschaften, die man mit den Sinnen
45 **wahrnehmen kann.**

Aufgaben

○ **1** Vervollständige die Sätze in deinem Heft:
a) Mit deinen Augen siehst du sofort, …
b) Im Fachraum sind …
c) Fächle mit der Hand über der Probe, …

d) Fasse im Unterricht nur Stoffe an, … (💡 S. 116)

◗ **2** Erstelle eine Tabelle mit den
LS Sinnen des Menschen und den Stoffeigenschaften, die man damit wahrnimmt.

● **3** Begründe anhand eines Beispiels, warum es zur eindeutigen Unterscheidung von zwei Stoffen meist nicht ausreicht, nur eine Stoffeigenschaft zu untersuchen.

Einfache Stoffuntersuchungen

c8b7p9

Nicht alle Stoffeigenschaften erkennt man sofort. Für manche Stoffeigenschaften musst du die Stoffe etwas genauer untersuchen. (► Struktur und Eigenschaften, S. 104/105)

Hart oder weich?

5 Kerzenwachs kannst du mit dem Fingernagel ritzen. Auf härteren Stoffen wie Glas oder Stahl hinterlässt der Fingernagel keine Spuren. Die **Härte** eines Stoffes kann man mit 10 dem **Ritztest** bestimmen. Dabei ritzt immer der härtere Stoff den weniger harten. Glas wird mit einem Glasschneider geritzt, auf dessen Schnittkante sich Diamantstaub befindet. Diamant ist der härteste natürliche 15 Stoff.

Verformbar oder spröde?

Viele Metalle sind **verformbar**: Ein Silberdraht lässt sich z. B. zu Kettengliedern biegen (▷ B 2), und Aluminium kann zu sehr dünnen 20 Folien ausgewalzt werden. Gegenstände aus

Glas oder Porzellan zerbrechen beim Biegen. Diese Stoffe sind **spröde**.

Magnetisch oder nicht?

Eisen, Nickel und Cobalt werden als einzige 25 Stoffe von einem Magneten angezogen (▷ B 1). Sie sind **magnetisierbar**, umgangssprachlich bezeichnet man sie auch als magnetisch.

Würfel oder Quader?

30 Manche Stoffe, z. B. Zucker und Salz, bilden Kristalle. Auf den ersten Blick sehen beide Stoffe gleich aus. Unter der Lupe sieht man jedoch, dass ihre Kristalle unterschiedlich geformt sind. Man kann sie anhand ihrer 35 **Kristallform** unterscheiden.

Härte, Verformbarkeit, magnetische Eigenschaften und die Kristallform sind Stoffeigenschaften, die man mit einfachen Hilfsmitteln untersuchen kann.

Kettenglied
Teil einer Kette
z. B. ein Kettenring

auswalzen
sehr dünn
ausrollen

1 Der Eisenkern von Centstücken wird von Magneten angezogen.

2 Metalle lassen sich verformen.

Aufgaben

○ **1** Beschreibe, wie man die Härte eines Stoffes prüfen kann. (💡 S. 116)

◖ **2** Erläutere den Begriff „spröde" am Beispiel eines großen Salzkristalls.

● **3** Erstelle einen Stoff-Steckbrief zu einem Stoff (► S. 115). Nenne alle Stoffeigenschaften, die du bereits kennst.

Versuch

🧪 **1** Ritze Glas, Kupfer, Eisen, Wachs und Gips mit dem Fingernagel und mit einem Nagel aus Stahl. Notiere deine Beobachtungen.

c8b7p9

Die Löslichkeit

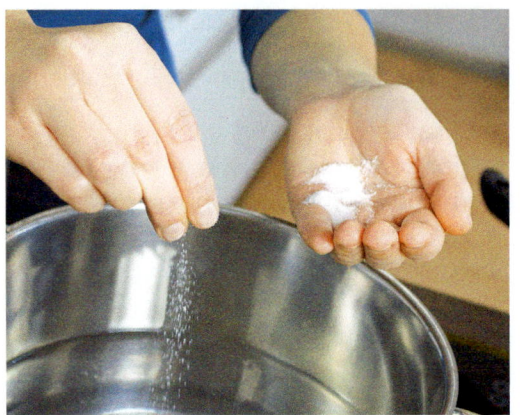

1 Beim Kochen von Nudeln gibt man Salz ins Wasser.

2 Nicht alles ist in Wasser löslich.

Gibt man zum Nudeln kochen etwas Salz in das Wasser, scheint das Salz zu verschwinden (▷ B 1). Dass das Salz nicht wirklich verschwindet, verrät der salzige Geschmack der
5 Flüssigkeit. Das Salz hat sich im Wasser so fein verteilt, dass man es nicht mehr sieht. Man sagt: Das Salz hat sich im Wasser gelöst. Eine Flüssigkeit, in der sich andere Stoffe lösen, wird als **Lösungsmittel** bezeichnet.

10 ## Die Löslichkeit ist messbar
Nicht jeder Stoff löst sich gleich gut in Wasser. Um die **Löslichkeit** unterschiedlicher Stoffe in Wasser vergleichen zu können, gibt man an,

Stoff	Löslichkeit in g pro 100 g Wasser
Zucker	200
Backpulver	10
Gips	0,2
Kalk	0,001

3 Löslichkeit von Stoffen in Wasser bei 20 °C

wie viel Gramm eines Stoffes sich bei einer
15 bestimmten Temperatur in 100 g Wasser lösen (▷ B 3). Gibt man eine größere Portion des jeweiligen Stoffes ins Wasser, so setzt sich ein Teil davon als Bodensatz ab. Die Lösung ist gesättigt.

20 ## Nicht alles ist in Wasser löslich
Salz und Zucker lösen sich gut in Wasser, Öl und Fett dagegen nicht. Sie schwimmen auf dem Wasser. Gelangt etwas Öl auf die Kleidung, kann man es nicht einfach mit
25 Wasser abwaschen. Man benötigt ein anderes Lösungsmittel für das Öl. Man verwendet hierfür Reinigungsbenzin, denn Öl ist gut darin löslich.
Auch Sand löst sich nicht in Wasser,
30 sondern setzt sich am Boden ab (▷ B 2).

Flüssigkeiten, in denen sich andere Stoffe lösen, heißen Lösungsmittel. Die Löslichkeit ist eine messbare Stoffeigenschaft.

Aufgaben
1 Nenne zwei Lösungsmittel. (💡 S. 116)

2 Welche der genannten Stoffe lösen sich in Wasser, welche nicht. (💡 S. 116)

3 Ordne die in Tabelle 3 angegebenen Stoffe nach: sehr gut wasserlöslich, gut wasserlöslich, schlecht wasserlöslich.

4 Schreibe eine Versuchsanleitung zur Bestimmung der Löslichkeit von Citronensäure in Wasser.

Da löst sich etwas

1 Die Löslichkeit von Kochsalz und Alaun in Wasser

Material

Schutzbrille, Becherglas, 2 Reagenzgläser, Messzylinder, 2 Stopfen, 2 Spatel, Waage, Kochsalz, Alaun, Wasser

Versuchsanleitung

a) Fülle 10 ml Wasser in ein Reagenzglas. Dies entspricht 10 g Wasser.
b) Stelle das Reagenzglas im Becherglas auf die Waage (▷ B 1). Notiere den angezeigten Wert.
c) Gib mit dem Spatel eine kleine Portion Kochsalz ins Wasser. Verschließe das Reagenzglas mit dem Stopfen und schüttle es kräftig, bis sich das Kochsalz vollständig gelöst hat.

d) Gib jetzt eine weitere kleine Portion Kochsalz hinzu und schüttle das Reagenzglas wieder, bis sich alles gelöst hat. Wiederhole den Vorgang so lange, bis sich trotz kräftigen Schüttelns kein Kochsalz mehr löst und am Boden des Reagenzglases einige Kochsalz-Kristalle zurückbleiben.
e) Wiege das Reagenzglas erneut und notiere den gemessenen Wert.
f) Wiederhole den Versuch mit Alaun.

Aufgabe

1. Berechne, wie viel Gramm Kochsalz bzw. Alaun sich in 10 g Wasser gelöst haben. Subtrahiere dazu jeweils den ersten Messwert vom zweiten.

2. Berechne, wie viel Gramm Kochsalz bzw. Alaun sich in 100 g Wasser lösen.
3. Vergleiche die Löslichkeit der beiden Stoffe.

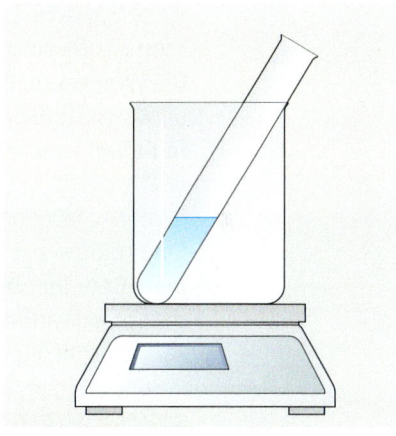

1 Wiegen

2 Löslichkeit und Temperatur

Material

Schutzbrille, Reagenzglasständer, 2 Reagenzgläser, Messzylinder, 2 Stopfen, 2 Spatel, Waage, Kochsalz, Alaun, warmes Wasser (ca. 40 °C)

Versuchsanleitung

Gehe wie in Versuch 1 beschrieben vor.

Aufgaben

1. Berechne, wie viel Gramm Kochsalz bzw. Alaun sich in 10 g warmem Wasser gelöst haben. Subtrahiere dazu jeweils den ersten Messwert vom zweiten.
2. Berechne, wie viel Gramm Kochsalz bzw. Alaun sich in 100 g warmem Wasser lösen.
3. Vergleiche die Löslichkeit der beiden Stoffe in warmem Wasser.
4. Vergleiche die Löslichkeit der beiden Stoffe in warmem Wasser

mit den Werten aus Versuch 1. Was stellst du fest? Beschreibe.

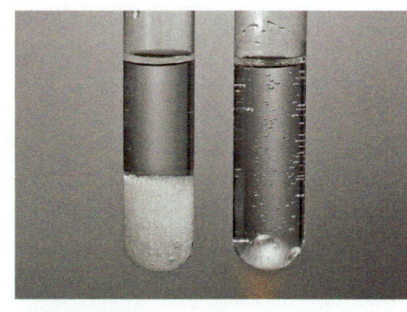

2 Gelöstes Alaun

Aufgaben

○ 1 Du sollst die Löslichkeit von Kochsalz in Wasser bestimmen. Beschreibe, wie du vorgehst. (💡 S. 116)

◐ 2 Erkläre, warum sich bei der Alaun-Lösung aus Versuch 2 beim Abkühlen ein Bodensatz bildet.

● 3 Warum lässt sich die Löslichkeit von Tee im Gegensatz zur Löslichkeit von Salz nicht genau bestimmen? Begründe.

Die Leitfähigkeit von Stoffen

Stoffe können elektrischen Strom leiten

Ob ein Stoff elektrisch leitfähig ist, kann man im elektrischen Stromkreis feststellen. Dafür wird der Stoff in den elektrischen Stromkreis
5 eingefügt. Metalle wie Kupfer und Eisen leiten den elektrischen Strom. Man nennt sie **elektrische Leiter**. Holz, Glas und viele Kunststoffe sind Nichtleiter oder **Isolatoren**. Die Werkzeuge eines Elektrikers haben daher
10 oft Kunststoff-Griffe. Die **elektrische Leitfähigkeit** ist eine Stoffeigenschaft.

Stoffe leiten Wärme

Ein Teelöffel aus Metall erwärmt sich schnell in heißem Tee. Du kannst dir sogar die Finger
15 daran verbrennen. Mit einem Holzstäbchen kann das nicht passieren. Wie lässt sich das erklären? Im Metall wandert die Wärme leicht weiter. Man sagt, Metalle haben eine gute Wärmeleitfähigkeit. Holz, aber auch
20 Glas und viele Kunststoffe leiten die Wärme dagegen viel schlechter. Kochtöpfe und Pfannen haben daher oft Kunststoff-Griffe. Die **Wärmeleitfähigkeit** ist ebenfalls eine Stoffeigenschaft. (► Struktur und Eigen-
25 schaften, S. 104/105)

**Elektrische Leitfähigkeit und Wärmeleitfähigkeit sind Stoffeigenschaften, die man mit Hilfsmitteln feststellen kann. Metalle sind gute Wärmeleiter und leiten den
30 elektrischen Strom. Holz, Glas und viele Kunststoffe sind schlechte Wärmeleiter und elektrische Isolatoren.**

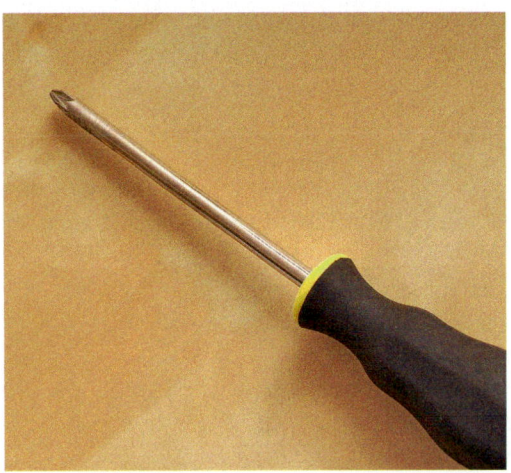

1 Kunststoff-Griffe leiten den elektrischen Strom nicht.

2 Kunststoff-Griffe schützen vor Hitze.

Aufgaben

1 Erstelle eine Tabelle mit elektrisch leitenden und nichtleitenden Stoffen. (💡 S. 116)

2 Erläutere, weshalb die Griffe eines Kochtopfs oft aus Kunststoff sind. (💡 S. 116)

3 Ein Kabel besteht aus einem Kupferdraht mit einer Ummantelung aus Kunststoff. Erläutere diesen Aufbau.

4 Erläutere, wo wir im Alltag die schlechte Wärmeleitfähigkeit bestimmter Stoffe nutzen.

5 Erkläre, warum sich Kunststoff oder Holz wärmer anfühlen als Metall.

6 Plane einen Versuch, mit dem du die elektrische Leitfähigkeit von Mineralwasser prüfen kannst. Erkläre das Versuchsergebnis.

Der härteste Stoff in der Natur

c8b7p9

Beton ist sehr hart. Trotzdem lässt er sich schneiden oder sägen. Wie geht das?

Auf die Härte kommt es an

Sehr harte Stoffe können nur von Stoffen geritzt (und damit geschnitten) werden, die noch härter sind als sie selbst. Geräte zum Schneiden von Beton oder Fliesen enthalten auf ihren Schnittkanten deshalb oft Diamantstaub oder Diamantsplitter. Denn Diamant ist der härteste Stoff, der in der Natur vorkommt.

Eine Einteilung für die Härte

Zum Vergleich der Härte wird häufig die Mohs'sche Härteskala (▷ B 2) verwendet. In dieser Einteilung gibt es zehn Härtegrade, denen jeweils Mineralien zugeordnet sind. Mineralien mit niedrigem Härtegrad können von solchen mit höherem Härtegrad geritzt werden. Diamant besitzt in dieser Einteilung die Härte 10. Reine Diamanten sind transparent und farblos und eignen sich deshalb für edle Schmuckstücke (▷ B 1). Rohdiamanten werden dafür mit einem Werkzeug geschliffen, das Diamantsplitter enthält. Das Schleifen ist nur deshalb möglich, weil ein Diamantkristall nicht überall gleich hart ist.

Härter als Diamant

Auf künstlichem Weg kann man Stoffe herstellen, die härter sind als Diamant. Solche Stoffe können Diamanten ritzen. Ein Beispiel ist eine Form des Bornitrids, ein künstliches Mineral. Seine Härte bleibt auch bei hohen Temperaturen gleich. Bornitrid wird zum Beispiel zum Schleifen und Schneiden von Stahl benutzt. Aus Kohlenstoff können inzwischen künstliche Diamanten gefertigt werden, die härter und hitzebeständiger sind als natürliche Diamanten.

Mineralien
Stoffe aus der Natur mit typischer Kristallform

transparent
durchsichtig

1 Diamant als Schmuckstein

Härte	Mineralien	Alltagsbeispiele
1	Talk	
2	Gips	Steinsalz, Silber
3	Kalkspat	Kupfermünze
4	Flussspat	Stahlwolle
5	Apatit	Zahnschmelz
6	Feldspat	Gehärteter Stahl
7	Quarz	Smaragd
8	Topas	Chrom
9	Korund	Rubin
10	Diamant	

2 Die Mohs'sche Härteskala

Aufgaben

1 Erfahrene Handwerker können Diamanten schleifen. Beschreibe, wie sie dabei vorgehen.

2 Wie müsste man die Mohs'sche Härteskala erweitern, um Bornitrid einzuordnen? Begründe deine Entscheidung.

3 Recherchiere im Internet, warum sich Diamantwerkzeuge nicht für den Einsatz bei Temperaturen über 800 °C eignen. (► S.112)

Die Dichte

Eine spezifische Stoffeigenschaft

Die Würfel in Bild 1 sind alle gleich groß. Sie haben also das gleiche Volumen. Die Würfel unterscheiden sich jedoch in ihrer Masse, da sie aus verschiedenen Stoffen bestehen. Das Verhältnis der Masse zum Volumen ist die Dichte. Die Dichte ist eine spezifische Stoffeigenschaft. Mit ihr kann man erklären, warum Holz auf Wasser schwimmt.

Die Dichte kann man aber nicht messen, sondern muss sie aus der Masse und dem Volumen eines Gegenstands berechnen.

Wir bestimmen die Masse

Feststoffe kannst du mit einer Laborwaage abwiegen. Um eine Flüssigkeit zu wiegen, brauchst du zuerst die Masse eines Gefäßes. Dann füllst du die Flüssigkeit in das Gefäß und wiegst nochmal. Die Masse der Flüssigkeit entspricht der Massen-Differenz.

Wir bestimmen das Volumen

Das Volumen gibt die räumliche Ausdehnung eines Gegenstands an. Du kannst das Volu-

men einer Flüssigkeit in einem Messzylinder bestimmen. Dabei gilt: 1 ml = 1 cm³.

Das kannst du auch nutzen, um das Volumen von Feststoffen zu bestimmen (▷ B 2). Dazu füllst du Wasser in einen Messzylinder und liest das Volumen ab. Danach gibst du einen Gegenstand in den Messzylinder. Der Gegenstand verdrängt das Wasser. Nun kannst du ein größeres Volumen ablesen. Das Volumen des Gegenstands entspricht der Volumen-Differenz.

Berechnung der Dichte

Nachdem du die Masse und das Volumen bestimmt hast, kannst du die Dichte berechnen.
Die Formel lautet:

$$\text{Dichte} = \frac{\text{Masse}}{\text{Volumen}} \;; \qquad \rho = \frac{m}{V}$$

Die Dichte hat das Symbol ρ (griechischer Buchstabe: Rho). Die Einheit der Dichte ist Gramm pro Kubikzentimeter (g/cm³).

---

spezifisch
typisch für einen bestimmten Stoff

räumliche Ausdehnung
Platz, den ein Gegenstand braucht

verdrängen
den Platz einnehmen

1 Gleich große Würfel aus verschiedenen Stoffen sind unterschiedlich schwer.

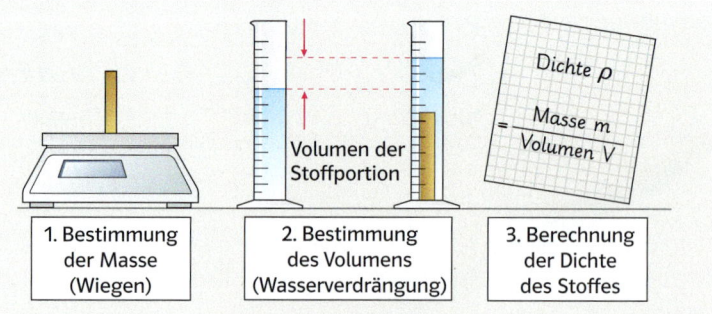

| 1. Bestimmung der Masse (Wiegen) | 2. Bestimmung des Volumens (Wasserverdrängung) | 3. Berechnung der Dichte des Stoffes |

2 Dichte bestimmen

Aufgaben

⬤ **1** Nenne die Formel zur Berechnung der Dichte. In welcher Einheit wird die Dichte angegeben?

⬤ **2** Beschreibe die einzelnen
LS Schritte zur Bestimmung der Dichte einer Glasmurmel.

⬤ **3** Körper 1 hat das Volumen $V = 20$ cm³ und die Masse $m = 45$ g. Körper 2 besitzt ein Volumen von 35 cm³ und eine Masse von 55 g. Berechne, welcher Körper die größere Dichte hat.

Weißen Stoffen auf der Spur

Im Haushalt findest du viele weiße Stoffe, die ähnlich aussehen.
Sie unterscheiden sich aber in ihren Eigenschaften.

1 Untersuchung mit den Sinnen

Material
3 Uhrgläser, Spatel, Lupe, Kochsalz, Haushaltszucker, Mehl

Versuchsanleitung
a) Gib mit einem Spatel einige Kristalle Kochsalz auf ein Uhrglas. Prüfe Farbe und Form der Kristalle mit der Lupe. Teste auch den Geruch.
b) Wiederhole den Versuch mit Haushaltszucker und anschließend mit Mehl (▷ B 1).

Aufgabe
1. Erstelle für jeden Stoff einen Steckbrief (► S.105) und notiere deine Beobachtungen.

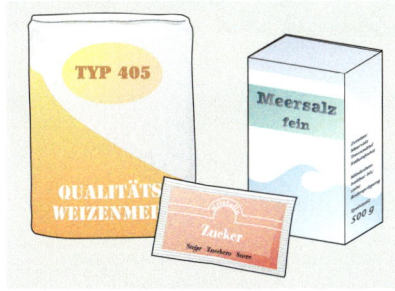

1 Weiße Stoffe im Haushalt

2 Löslichkeit

Material
3 Bechergläser (100 ml), Glasstab, Spatellöffel, Wasser, Kochsalz, Haushaltszucker, Mehl

Versuchsanleitung
a) Fülle 50 ml Wasser in ein Becherglas. Gib einen halben Spatellöffel Kochsalz in das Wasser und rühre mit dem Glasstab um. Löst sich der Stoff in Wasser?
b) Wiederhole den Versuch mit Haushaltszucker und anschließend mit Mehl.

Aufgabe
1. Notiere deine Beobachtungen in den Steckbriefen.

3 Verhalten der Stoffe beim Erwärmen

Material
Schutzbrille, Gasbrenner, 3 Reagenzgläser, 2 Adsorptionsstopfen, Reagenzglasgestell, Reagenzglashalter, Spatel, Kochsalz, Haushaltszucker, Mehl

Versuchsanleitung
a) Fülle eine Spatelspitze Kochsalz in ein Reagenzglas. Verfahre mit Haushaltszucker und Mehl genauso. Verschließe die Reagenzgläser, die Haushaltszucker und Mehl enthalten, mit einem Adsorptionsstopfen.
b) Erhitze die Stoffe nacheinander für höchstens 1 Minute. Halte dazu das Reagenzglas mit dem Reagenzglashalter in die nicht leuchtende Brennerflamme (▷ B 2).

Aufgabe
1. Notiere deine Beobachtungen wieder in den Steckbriefen.

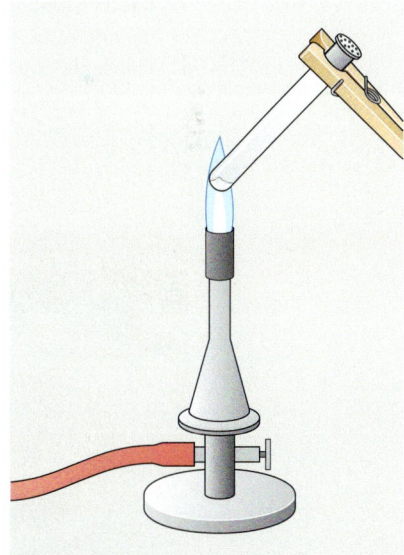

2 Was geschieht beim Erwärmen?

Aufgaben

○ 1 Vergleiche Kochsalz, Haushaltszucker und Mehl. Notiere Gemeinsamkeiten und Unterschiede. (💡 S.116)

◔ 2 Beurteile, ob die überprüften Eigenschaften ausreichen, um die Stoffe voneinander zu unterscheiden.

● 3 Plane Versuche, mit denen du weitere Eigenschaften der Stoffe ermitteln kannst.

c8b7p9

Eigenschaften bestimmen die Verwendung

Material 1

Stoffe besitzen Eigenschaften, die wir gerne ausnutzen. Aluminium ist leicht und rostet nicht. Es eignet sich daher gut zur Herstellung von Fahrrädern. Baumwolle für Winterpullover ist weich und speichert die Wärme. Die Eigenschaften eines Stoffs sind entscheidend dafür, wie und wo wir ihn einsetzen. Die Eigenschaften bestimmen also die Verwendung des Stoffs.

Material 2

Die Wahl der Flaschen

Lilli plant ein Picknick mit ihren Freunden. Nachmittags wollen sich alle zusammen auf der Wiese am See treffen. Für das Picknick bringt jeder etwas mit. Lilli kauft im Supermarkt Orangensaft in leichten Kunststoffflaschen und Wasser in schweren Glasflaschen, da ihre Mutter immer sagt, dass die Glasflaschen häufiger verwendet werden können. Auf dem steinigen Weg fällt ihr die Tasche mit den Einkäufen aus dem Fahrradkorb. Sie hört nur ein lautes Klirren hinter sich ...

Material 3

Prismapedia

Womit spüle ich das dreckige Geschirr?

Ob nach einer großen Grillfeier oder einem Sonntagsessen mit der Familie: Am Ende bleibt immer eine große Menge schmutziges Geschirr zurück. Dabei kann das Geschirr aus Glas (z. B. Trinkglas), Kunststoff (z. B. Schüsseln) oder Metall (z. B. Töpfe) bestehen. Wenn man das Geschirr von Hand spült, können einem verschiedene Arbeitsgeräte helfen. So gibt es Spüllappen, Spülschwämme, Bürsten aus Kunststoff und Stahlwolle.
Jedoch eignet sich nicht jedes Arbeitsgerät für das gesamte Geschirr. Ist der Stoff, aus dem das verschmutzte Geschirr besteht, weicher als das Arbeitsgerät, so zerkratzt es. Ist es jedoch zu weich, wird es damit schwierig, hartnäckigen Schmutz zu entfernen.

Material 4

christian0109: Hallo zusammen, heute ist mir was doofes passiert :-(
Mein Taschengeld (alles Münzen) ist mir hinter mein Bett gefallen. Ich komme mit der Hand nicht mehr dran. Hat jemand einen Tipp für mich?

susi_98: Binde einen Magneten an eine Schnur. Lass die Münzen vom Magneten anziehen und ziehe sie dann herauf. Wie eine kleine Magnetangel ;-)

christian0109: Hi susi_98, danke für den Tipp. Ich war zuerst begeistert, weil ich so schon einige Münzen herausziehen konnte. Doch egal wie häufig ich es versuche, die restlichen Münzen bleiben nicht am Magneten haften. Das verstehe ich einfach nicht…

thebrain: Wenn ich was dazu sagen darf?
Nur Eisen, Kobalt und Nickel werden vom Magneten angezogen. Die Münzen sind aus unterschiedlichen Legierungen (= Mischungen aus Metallen) aufgebaut. Nicht alle Münzen enthalten dabei einen der genannten Stoffe und deshalb können auch nicht alle Münzen vom Magneten angezogen werden.
Diese Münzen musst du wohl mit einer Zange herausholen, oder du musst dein Bett verschieben.
Tut mir leid!

Aufgaben

1 Lies Material 1.

a) „Eigenschaften bestimmen die Verwendung". Erläutere diese Aussage. (💡 S. 117)

b) Silber eignet sich gut zur Herstellung von Schmuck. Nenne die Eigenschaften, die hierbei ausgenutzt werden.

2 Lies Material 2.

a) Erstelle eine Tabelle mit Vor- und Nachteilen von Kunststoff-Flaschen. (💡 S. 117)

b) Erstelle eine Umfrage mit drei Fragen zum Thema „Kunststoff- oder Glasflasche?". Befrage 10 Leute und präsentiere deine Ergebnisse. (► S. 114).

3 Lies Material 3.

a) Nenne einen Versuch, mit dem man die Härte eines Stoffes testen kann. (💡 S. 117)

b) Ordne die folgenden Gegenstände ihrer Härte nach. Beginne mit dem Weichsten: Metall-Topf, Spülschwamm, Trinkglas, Kunststoff-Schüssel, Stahlwolle.

c) Mit welchen Arbeitsgeräten aus Material 3 würdest du
– Gläser
– Kunststoff-Schüsseln
– Metall-Töpfe
spülen? Begründe.

4 Sieh dir Material 4 an.

a) Überprüfe, welche Münzen (1, 2, 5, 10, 20, 50 Cent, 1 €) sich von einem Magneten anziehen lassen. (💡 S. 117)

b) Erkläre, warum einige Münzen magnetisch sind und andere diese Eigenschaft nicht besitzen.

c) Recherchiere, aus welchen Metallen die verschiedenen Münzen (1, 2, 5, 10, 20, 50 Cent, 1 €) bestehen und erstelle aus deinen Ergebnissen eine Tabelle.

c8b7p9

Schmelzen und Verdampfen

Wasser in der Natur

Im Sommer ist es angenehm, im Wasser zu planschen. Durch die heißen Sonnenstrahlen wird ein Teil des Wassers zu unsichtbarem Wasserdampf und sammelt sich in der Luft. Im Herbst ist der See unter weißen <u>Nebelschwaden</u> verborgen. Die Luft kann bei niedrigeren Temperaturen nicht mehr so viel Wasserdampf aufnehmen und es bilden sich feine Tröpfchen. Das ist der sichtbare Nebel. Bleibt es im Winter lange Zeit kalt, bedeckt eine Eisschicht den See.

Aggregatzustände des Wassers

Wasser kommt in drei Zustandsformen vor: Als Eis ist es fest, als Wasser ist es flüssig und als Wasserdampf ist es gasförmig. Diese Zustandsformen werden auch **Aggregat-**

zustände genannt. In welchem Aggregatzustand sich das Wasser befindet, hängt von der Temperatur ab.

Die Aggregatzustände ändern sich

Am Südpol gibt es viel Wasser in Form von Schnee und Eis. Die Forscher, die dort leben, müssen ihr Trinkwasser selbst herstellen. Sie brechen Blöcke aus dem Eis und erwärmen sie in großen Kesseln: Das Eis schmilzt. Beim Erwärmen ändert der Feststoff seinen Aggregatzustand von fest zu flüssig. Diesen Übergang nennt man **Schmelzen**.

Erwärmt man das Wasser weiter, geht die Flüssigkeit in den gasförmigen Zustand über. Es entsteht Wasserdampf. Diesen Vorgang nennt man **Verdampfen**.

Nebelschwaden
dünne Nebelbänder, die dicht über der Oberfläche liegen

1 Eisberg – festes Wasser

2 See – flüssiges Wasser

3 Luftfeuchtigkeit – gasförmiges Wasser

4 Festes Wasser im Labor

5 Flüssiges Wasser im Labor

6 Gasförmiges Wasser im Labor

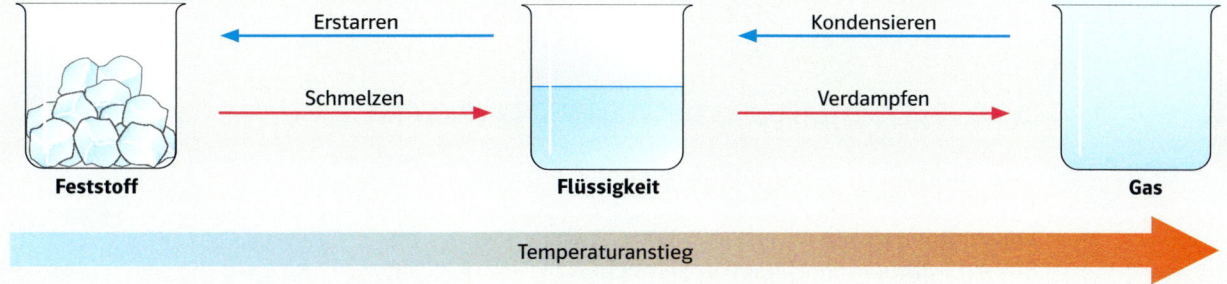

| Erstarren | | Kondensieren |
| Schmelzen | | Verdampfen |

Feststoff **Flüssigkeit** **Gas**

Temperaturanstieg

7 Die Änderungen der Aggregatzustände

Man kann den Vorgang umkehren

Auch beim Abkühlen ändern sich die Aggregatzustände. Beim Kochen füllt sich die Küche mit Wasserdampf. Kalte Fensterscheiben <u>beschlagen</u>, weil dort der Wasserdampf wieder flüssig wird. Dies nennt man **Kondensieren**. Im Gefrierfach kann man Eiswürfel herstellen. Bei tiefen Temperaturen wird Wasser zu Eis. Dies nennt man **Erstarren**.

Wasser bleibt Wasser

Wasser verdampft beim Erhitzen, beim Abkühlen kondensiert es wieder. Es hat <u>vorübergehend</u> seinen Aggregatzustand geändert. Es bleibt aber in beiden Fällen der Stoff Wasser.

Auch andere Stoffe können ihren Aggregatzustand ändern. Festes Wachs schmilzt, wenn es erwärmt wird. Beim Abkühlen erstarrt es wieder.

Aggregatzustände bei Metallen

Auch Metalle schmelzen bei höheren Temperaturen. Ein Beispiel ist Zinn. Beim Löten werden zwei Bauteile aus Metall miteinander verbunden. Das Zinn schmilzt am heißen Lötkolben und läuft zwischen die Bauteile. Nach dem Abkühlen sind die Bauteile durch das erstarrte Zinn fest miteinander verbunden. Das Zinn hat vorübergehend seinen Aggregatzustand verändert.

Fest, flüssig und gasförmig sind die drei Aggregatzustände eines Stoffes.

Beim Schmelzen wird ein Feststoff flüssig. Beim Verdampfen wird eine Flüssigkeit gasförmig. Dazu muss der Stoff jeweils erwärmt werden.

Beim Kondensieren wird ein Gas flüssig. Beim Erstarren wird eine Flüssigkeit fest. Dazu muss der Stoff jeweils abgekühlt werden.

beschlagen
dünne Schicht aus Flüssigkeit bildet sich auf Glas, z. B. beim Spiegel

vorübergehend
für eine bestimmte Zeit

Aufgaben

1 Nenne die drei Aggregatzustände. (💡 S. 117)

2 Beschreibe die Übergänge zwischen den drei Aggregatzuständen in ganzen Sätzen (▷ B 7). (💡 S. 117)

3 Erläutere, weshalb flüssiges Wachs erstarrt, wenn es von einer brennenden Kerze tropft. (💡 S. 117)

4 Erläutere, warum es sich bei Wasserdampf und Eis um den gleichen Stoff handelt.

5 An einem kühlen Morgen kann das Gras einer Wiese nass sein, obwohl es nicht geregnet hat. Der Wasserniederschlag wird „Morgentau" genannt. Erkläre den Vorgang, der bei der Bildung des Taus stattgefunden hat.

Versuche

1 Gib in ein Becherglas zwei Eiswürfel und erwärme sie mit der nicht leuchtenden Brennerflamme. Miss die Zeit, bis die Eiswürfel geschmolzen sind.

2 Erhitze im Becherglas etwas Wasser bis zum Sieden. Halte kurz eine kalte Glasscheibe in den Wasserdampf.

c8b7p9

Schmelz- und Siedetemperatur

Messbare Stoffeigenschaften

Einige Stoffeigenschaften kannst du mit den Sinnen wahrnehmen. Einige lassen sich mit einfachen Hilfsmitteln untersuchen. Manche
5 Stoffeigenschaften kannst du sogar genau messen.

Schmelztemperatur und Siedetemperatur

Wenn man einen Feststoff erhitzt, dann schmilzt er bei einer spezifischen Temperatur und wird flüssig. Das ist die **Schmelz-**
10 **temperatur** dieses Stoffes. Erhitzt man noch weiter, siedet die Flüssigkeit bei einer spezifischen Temperatur und verdampft. Diese Temperatur wird **Siedetemperatur** genannt
15 (▷ B 2). Beim Abkühlen ändert sich der Aggregatzustand bei den gleichen Temperaturen wie beim Erhitzen.
(► Struktur und Eigenschaften, S. 104/105)

Stoff	Schmelztemperatur in °C	Siedetemperatur in °C
Sauerstoff	−219	−183
Alkohol	−117	78
Quecksilber	−39	356
Wasser	**0**	**100**
Schwefel	119	444
Blei	327	1740
Eisen	1535	2750

2 Schmelz- und Siedetemperaturen einiger Stoffe

Um die Siedetemperatur eines Stoffes zu
20 bestimmen, verfolgt man den Verlauf der Temperatur beim Erhitzen. Erhitzt man Wasser, so beginnt es bei 100 °C zu sieden. Von nun an zeigt das Thermometer keine weitere Temperaturerhöhung. Die Siedetemperatur
25 von Wasser beträgt 100 °C.

Erstellen eines Messdiagramms

Einen Vorgang wie das Schmelzen oder Verdampfen eines Stoffes kann man durch ein Diagramm verdeutlichen. Um ein **Siede-**
30 **diagramm** von Wasser zu zeichnen, misst man beim Erhitzen die Temperatur in regelmäßigen Zeitabständen. Die Messwerte trägt man zunächst in eine Tabelle ein. Die Messwert-Paare werden dann in ein Diagramm
35 gezeichnet. Verbindet man die Messpunkte im Diagramm, so entsteht eine Kurve, die beim Erreichen der Siedetemperatur nicht weiter ansteigt (▷ B 1).

Die Schmelztemperatur und die Siedetempe-
40 **ratur sind messbare, spezifische Stoffeigen-**
schaften.

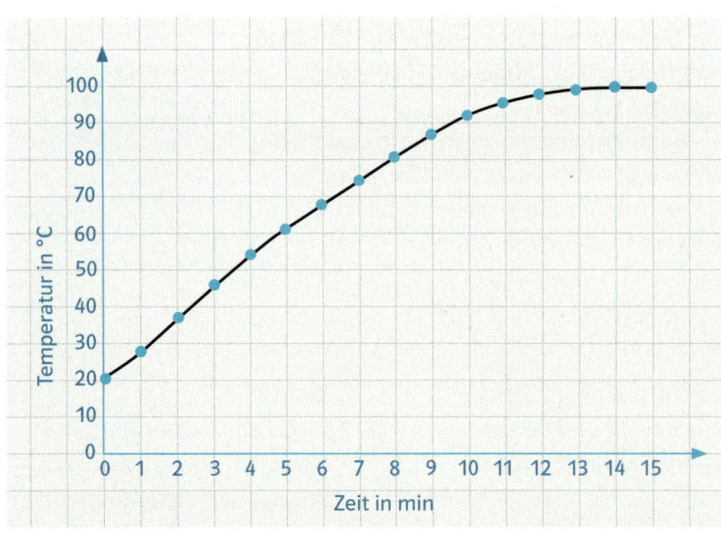

1 Siedediagramm von Wasser

Aufgaben

○ **1** Nenne zwei messbare Stoffeigenschaften.
(💡 S. 117)

◑ **2** Erkläre, warum sich Stoffe durch ihre Schmelztemperatur und ihre Siedetemperatur eindeutig bestimmen lassen.

● **3** Wenn Wasser siedet, bilden sich Blasen, die aufsteigen. Erkläre.

Schmelz- und Siedetemperatur bestimmen

1 Sieden von Wasser

Material

Schutzbrille, Gasbrenner, Dreifuß, Keramik-Drahtnetz, Stativ, Doppelmuffe, Universalklemme, Becherglas (400 ml), Thermometer, Siedesteinchen, Stoppuhr, Wasser

Versuchsanleitung

a) Baue den Versuch wie in Bild 1 auf. Befestige das Thermometer vorsichtig an der Klemme. Fülle das Becherglas mit 200 ml Wasser. Hänge das Thermometer so ins Wasser, dass es etwa 1 cm tief eintaucht. Lies die Temperatur ab.

b) Gib einige Siedesteinchen in das Becherglas und erwärme das Wasser mit der nicht leuchtenden Flamme. Lies nun jede Minute die Temperatur ab. Notiere Zeiten und Messwerte in einer Tabelle. Der Versuch ist beendet, wenn die Temperatur 3 Minuten lang gleich bleibt.

c) Zeichne ein Diagramm. Trage auf der waagerechten Achse die Zeit und auf der senkrechten Achse die Temperatur auf (▷ B 2).

d) Übertrage die gemessenen Werte mit der dazugehörigen Zeit in das Diagramm. Verbinde die Punkte im Diagramm zu einer Kurve. (► S. 112)

Aufgaben

1. Werte deine Messkurve aus: Bei welcher Temperatur wird Wasser zu Wasserdampf? Markiere die Temperatur in deiner Messkurve.

2. Wie verläuft die Kurve ab dieser Temperatur? Versuche, den Verlauf der Kurve zu erklären.

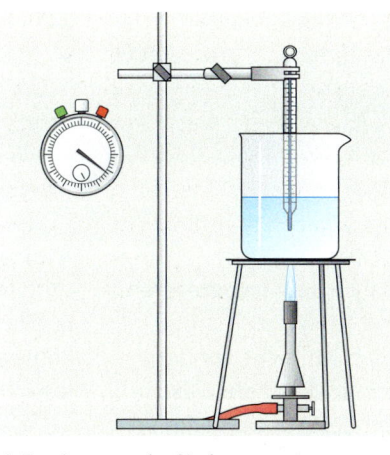

1 Bestimmung der Siedetemperatur von Wasser

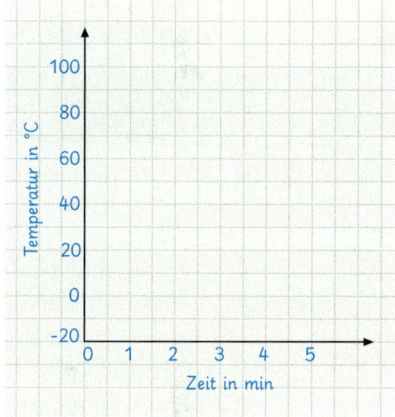

2 Zeit-Temperatur-Diagramm

2 Schmelzen von Eis

Material

Schutzbrille, Gasbrenner, Dreifuß, Keramik-Drahtnetz, Stativ, Doppelmuffe, Universalklemme, Becherglas, Reagenzglas (Durchmesser 30 mm), Thermometer, Siedesteinchen, Stoppuhr, Wasser, Eis

Versuchsanleitung

a) Baue den Versuch wie in Bild 3 auf. Befestige das mit Eis gefüllte Reagenzglas so an der Stativstange, dass es in das Wasserbad eintaucht.

b) Erhitze das Wasserbad mit der nicht leuchtenden Flamme. Lies mit Beginn des Erwärmens jede Minute die Temperatur ab. Notiere die Zeiten und Messwerte in einer Tabelle. Der Versuch ist beendet, wenn das Eis vollständig geschmolzen ist.

c) Übertrage auch diese Werte in ein geeignetes Zeit-Temperatur-Diagramm (▷ B 2).

Aufgabe

1. Werte deine Messkurve aus: Bei welcher Temperatur schmilzt das Eis? Markiere die Schmelztemperatur in deiner Messkurve. (► S. 112)

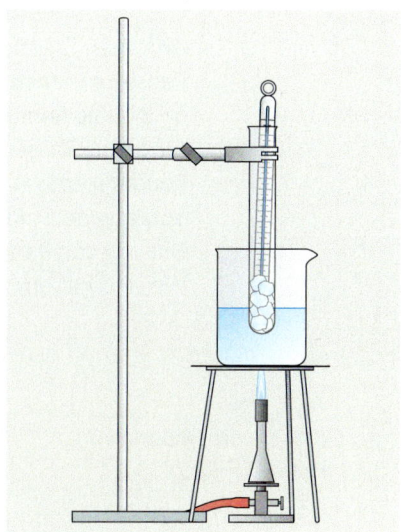

3 Bestimmung der Schmelztemperatur von Eis

c8b7p9

Sublimieren und Resublimieren

1 Eisblumen an einem Fenster

2 Raureif auf einer Pflanze

Feste Stoffe werden gasförmig

Hängt man nasse Wäsche bei Temperaturen unter 0 °C auf die Leine, trocknet sie trotzdem. Das Wasser verdampft nicht, sondern
5 erstarrt zuerst. Danach trocknet die Wäsche trotz der niedrigen Temperatur, ohne dass das Eis schmilzt. Aus Eis wird direkt gasförmiger Wasserdampf. Diesen Vorgang nennt man Sublimieren.

Gasförmige Stoffe werden fest
10 An kalten Tagen sind an einfach verglasten Fenstern manchmal Eisblumen zu sehen (▷ B 1). Sie entstehen dadurch, dass gasförmiges Wasser (Luftfeuchtigkeit) ohne zu
15 kondensieren zu festem Eis wird. Dieser Vorgang heißt Resublimieren. Auch die Bildung von Raureif kann man auf diese Weise erklären (▷ B 2).

Auch Iod sublimiert und resublimiert
20 Wird festes Iod erwärmt, so entsteht durch Sublimieren violetter Ioddampf. Beim Abkühlen resublimiert der Ioddampf zu festem Iod (▷ B 3).

3 Iodkristalle sublimieren.

Aufgaben

1 Erkläre die Bildung von Raureif (▷ B 2).

2 Um Lebensmittel zu trocknen, wird die sogenannte Gefriertrocknung angewendet, beispielsweise bei Gewürzen. Recherchiere und erkläre diesen Vorgang.

3 Entwickle ein Schaubild, in
LS dem alle Änderungen der Aggregatzustände und ihre Übergangsformen enthalten sind.

Modelle helfen verstehen

c8b7p9

Material 1

Die Form eines Modellautos reicht aus, sodass ein Kleinkind darin ein Auto erkennt, beispielsweise in einem Holzauto. Viel interessanter ist es, wenn mehr Details zu erkennen sind und das Modellauto sogar einen Motor hat. Das Modell ähnelt immer mehr der Wirklichkeit (► S.113). Auch in der Automobil-Industrie werden Modelle eingesetzt. An Automodellen testet man im Windkanal den Luftwiderstand der Karosserie.

Material 2

Max: Ich würde mir gerne diesen tollen Handyhalter nachbauen, den wir neulich gesehen haben.

Tim: Gute Idee. Aber der war doch aus Holz, oder?

Max: Ja, genau. Da ist aber auch das Problem. Meine Oma meint, ich sollte vorher ausprobieren, ob ich auch an alles gedacht habe.

Tim: Wie soll das denn gehen?

Max: Weiß ich auch nicht, aber sie will nicht, dass wir zuviel Holz kaufen. Das ist nämlich teuer.

Tim: Wie wäre es, wenn du ihn vorher aus Pappe bastelst. Das kannst du deiner Oma dann zeigen und ihr wisst genau, wieviel Holz ihr braucht.

Max: Das ist eine super Idee, danke! Ich fange gleich an zu basteln.

Aufgaben

1 Sieh dir Material 1 an.
a) Nenne die Eigenschaft eines Automodells, die für die Experimente im Windkanal von Bedeutung ist. (💡 S.117)

b) Welche Gemeinsamkeiten und Unterschiede gibt es zwischen dem Spielzeugauto aus Holz und dem ferngesteuerten Modellauto? Erstelle dazu eine Tabelle.

2 Lies dir Material 2 durch. Begründe, ob das Modell aus Pappe für das Vorhaben von Max geeignet ist.

Das Teilchenmodell

Stoffe bestehen aus kleinsten Teilchen

Beim Lösen von Zucker in Wasser verteilt sich der Zucker gleichmäßig im Wasser. Er ist selbst mit einem Mikroskop nicht mehr zu
5 sehen. Bei der Erklärung dieser Tatsache hilft ein Modell vom Aufbau der Stoffe. Nach diesem Modell bestehen alle Stoffe aus kleinsten Teilchen, die sich ständig bewegen. Wir können uns die Teilchen als Kugeln vorstellen.
10 Dieses Modell nennt man **Teilchenmodell**.
Die Teilchen eines Stoffes (z. B. Wasser) sind untereinander alle gleich. Sie sind gleich groß und gleich schwer. Die Teilchen verschiedener Stoffe (z. B. Zucker und Wasser)
15 unterscheiden sich voneinander.

Modelle helfen erklären

Zwischen Modell und Wirklichkeit gibt es Unterschiede. Das Teilchenmodell beschreibt nicht, wie die Teilchen tatsächlich aussehen.
20 Es lassen sich aber bestimmte Sachverhalte und Vorgänge erklären.
Nimmt man an, dass sich alle Teilchen bewegen, versteht man, warum Zucker sich auch ohne Umrühren im Wasser verteilt
25 (▷ B 1). Auch bei der Verbreitung eines Dufts verteilen sich die Duft-Teilchen im ganzen Raum.

Modelle haben Grenzen

Das Teilchenmodell ist ein einfaches Modell.
30 Nicht alle Stoffeigenschaften können damit erklärt werden. Es bietet z. B. keine Erklärung für magnetische Eigenschaften eines Stoffes.
Wenn sich Versuchsergebnisse mithilfe eines Modells nicht erklären lassen, dann
35 gibt es zwei Möglichkeiten: Entweder das Modell wird so verbessert, dass es auch diese Versuchsergebnisse erklären kann, oder man zieht ein neues, besser geeignetes Modell zur Erklärung heran.
40 (► Stoffe und Teilchen, S. 102/103)

Nach dem Teilchenmodell besteht jeder Stoff aus kleinsten Teilchen, die sich ständig bewegen. Die Teilchen eines Stoffes sind untereinander alle gleich. Sie haben die
45 **gleiche Größe und Masse.**

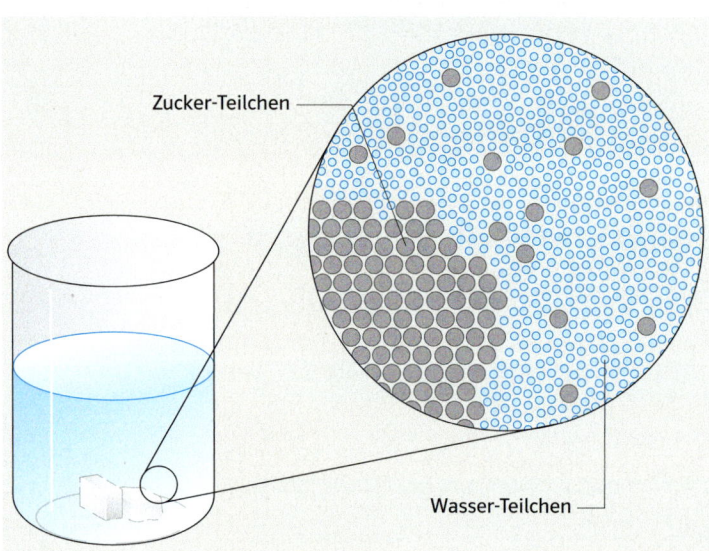

Zucker-Teilchen

Wasser-Teilchen

1 Der Lösungsvorgang im Teilchenmodell

Aufgaben

○ **1** Nenne zwei Eigenschaften, die nach dem Teilchenmodell bei allen Teilchen eines Stoffes gleich sind. (💡 S. 117)

◔ **2** Erkläre die Löslichkeit von Zucker in Wasser mit dem Teilchenmodell.

● **3** Plant in der Gruppe ein Experiment, das zeigt, dass sich die kleinsten Teilchen eines Stoffes ständig bewegen.

Versuch

🜨 **1** Lege einen Gegenstand (z. B. Gummiball, Stift) in einen Karton und verschließe ihn, am besten mit Klebestreifen. Lass deine Mitschülerinnen und Mitschüler durch Schütteln des Kartons Vermutungen über den Gegenstand sammeln. Entwickelt aus den gesammelten Informationen eine Modellvorstellung des Gegenstandes. (► S. 113)

Die Brown'sche Bewegung

1 ROBERT BROWN

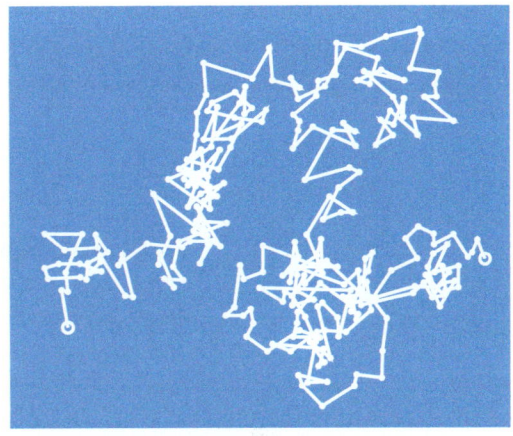

2 Brown'sche Bewegung eines Teilchens

Die Entdeckung von Robert Brown

ROBERT BROWN war ein englischer Naturwissenschaftler, der von 1773 bis 1858 lebte
(▷ B 1). Er untersuchte mit dem Mikroskop
die Pollen von Blütenpflanzen. Im Jahr 1827
betrachtete er kleine Pollenkörnchen in
einem Tropfen Wasser unter dem Mikroskop.
Dabei entdeckte er eine unregelmäßige
Zitterbewegung, die Pollen bewegten sich
wie von selbst. Zuerst glaubte er, kleine
Lebewesen entdeckt zu haben.

Die Zitterbewegung wird jedoch von den
unsichtbaren kleinsten Wasser-Teilchen
hervorgerufen, die sich ständig bewegen
und die Blütenpollen in unregelmäßigen
Abständen anstoßen. Durch zahlreiche Stöße
bewegen sich die Pollen auf einer Zickzack-
bahn (▷ B 2). Diese unregelmäßige Zitterbewegung wird nach ihrem Entdecker
Brown'sche Bewegung genannt. Man kann
sie auch bei Rauch oder Milch beobachten.

Aufgaben

1 Fertige ein Modell für die
Brown'sche Bewegung an.
Nutze dazu kleine und große
Holzkugeln, die du in einer
großen Petrischale leicht hin
und her bewegst. (► S. 113)

2 Sonnenmilch enthält den
weißen Farbstoff Titandioxid.
Ein Tropfen Sonnenmilch
wird mit Wasser verdünnt.
Erläutere, was du bei ge-
eigneter Vergrößerung unter
dem Mikroskop beobachten
kannst.

3 Recherchiere zunächst im
Internet, aus welchen
Bestandteilen frische Voll-
milch besteht. (► S. 112)
Begründe dann, mit wel-
chem Bestandteil sich die
Brown'sche Bewegung
darstellen lässt.

Versuch

1 Stellt euch verschiedene
Gemische von Vollmilch in
Wasser her. Das erste
Gemisch besteht aus 1 ml
Vollmilch und 99 ml Wasser,
das zweite Gemisch aus 1 ml

Vollmilch und 399 ml Wasser,
das dritte Gemisch aus 1 ml
Vollmilch und 799 ml Wasser.
Von jedem Gemisch gibst du
ein paar Tropfen auf ein
Deckglas.
Beobachte jede Probe mithilfe des Mikroskops bei unterschiedlichen Vergrößerun-
gen, bis du eine
Zitterbewegung erkennen
kannst.

Aggregatzustände im Teilchenmodell

Mit der Vorstellung, dass alle Stoffe aus kleinsten Teilchen bestehen, können wir auch die Aggregatzustände und ihre Übergänge erklären.
(►Struktur und Eigenschaften, S. 104/105)

Stoffe in flüssigem Zustand
Flüssigkeiten haben keine feste Form, sind beweglich und passen sich jedem Gefäß an. Die Anziehungskräfte zwischen den Teilchen sind bei Flüssigkeiten geringer als bei Feststoffen, die Abstände zwischen den Teilchen dagegen größer.

Stoffe in festem Zustand
Viele Feststoffe sind hart. Ihre kleinsten Teilchen lassen sich nur schwer voneinander trennen, weil große Anziehungskräfte zwischen ihnen wirken. Auch zusammendrücken lassen sich Feststoffe kaum, da die Teilchen nah beieinanderliegen.

Stoffe im gasförmigen Zustand
Die kleinsten Teilchen eines Gases haben große Abstände zueinander. Da zwischen diesen Teilchen nur sehr geringe Anziehungskräfte wirken, können sie sich frei und ungeordnet im Raum bewegen. Mit Druck kann man die Teilchen näher aneinanderpressen.

Schmelzen
Beim Erwärmen eines Feststoffes bewegen sich die Teilchen schneller, sodass sie ihre Plätze verlassen. Die feste Anordnung geht verloren. Der Feststoff schmilzt.

Verdampfen

Wird flüssiges Wasser erhitzt, bewegen sich die Teilchen noch schneller. Die Abstände zwischen ihnen werden größer, und die Teilchen verlieren ihren Zusammenhalt: Das Wasser verdampft.

Kondensieren

Kühlt Wasserdampf ab, verringert sich die Teilchenbewegung, und die Abstände zwischen den Teilchen werden kleiner. Der Dampf kondensiert zu flüssigem Wasser.

In Feststoffen ziehen sich die kleinsten Teilchen stark an. Sie liegen nah beieinander und bewegen sich kaum.

In Flüssigkeiten ist die Anziehung zwischen den Teilchen schwächer. Sie liegen weniger nah beieinander und bewegen sich mehr.

In Gasen ziehen sich die Teilchen kaum gegenseitig an. Sie liegen weit auseinander und bewegen sich stark.

Erstarren

Beim Abkühlen eines Stoffes unter die Schmelztemperatur erstarrt er. Die Bewegung der Teilchen verringert sich so sehr, dass sie sich regelmäßig anordnen. Der flüssige Stoff erstarrt.

Aufgaben

1 Skizziere die Anordnung der Teilchen in einem Metallstück, in flüssigem Wachs und in Wasserdampf. (💡 S. 117)

2 Beschreibe das Schmelzen von
LS Kerzenwachs mithilfe des Teilchenmodells.

3 Wenn man Iod erhitzt, dann geht es sofort vom festen in den gasförmigen Zustand über. Erkläre, wie sich die Teilchen von Iod beim Übergang fest-gasförmig bzw. gasförmig-fest verhalten.

Gegenstand und Stoff

Gegenstände haben immer eine bestimmte Form. Gegenstände bestehen aus Stoffen. Ein Gegenstand kann aus verschiedenen Stoffen hergestellt sein. Genauso können aus einem Stoff viele unterschiedliche Gegenstände hergestellt werden.

Die Stoffeigenschaften

Gegenstände bestehen aus Stoffen. Jeder Stoff hat bestimmte, für ihn typische Eigenschaften, die man in einem Stoff-Steckbrief zusammenfassen kann. Manche Stoffeigenschaften sind mit den Sinnen oder einfachen Hilfsmitteln zu bestimmen, z. B. Farbe, Geruch, Härte und Verformbarkeit.

Andere Stoffeigenschaften sind messbar, z. B. Siedetemperatur und Schmelztemperatur. Die Dichte kann man berechnen.

Die Stoffeigenschaften bestimmen darüber, wie ein Stoff verwendet wird.

Die Löslichkeit

Die Löslichkeit gibt an, wie viel Gramm eines Stoffes sich in 100 ml Lösungsmittel lösen. Ist die Höchstmenge eines Stoffes im Lösungsmittel gelöst, spricht man von einer gesättigten Lösung.

Gibt man noch mehr eines Stoffes in das Lösungsmittel, löst sich der Stoff nicht mehr. Er setzt sich als Bodensatz ab.

Elektrische Leitfähigkeit

Bringt man Stoffe in einen Stromkreis und es fließt ein Strom, so besitzt der Stoff eine gute elektrische Leitfähigkeit. Metalle und Salzlösungen sind gute elektrische Leiter.

Stoffe wie Holz, Glas und die meisten Kunststoffe leiten den Strom nur schlecht. Sie sind Nichtleiter oder Isolatoren.

Die Wärmeleitfähigkeit

Die Wärmeleitfähigkeit gibt an, wie gut ein Stoff Wärme transportieren kann. Metalle sind gute Wärmeleiter. Holz und Kunststoffe sind schlechte Wärmeleiter.

Schmelz- und Siedetemperatur

Die Schmelztemperatur ist die Temperatur, bei der ein Stoff vom festen in den flüssigen Zustand übergeht. Bei der Siedetemperatur geht ein Stoff vom flüssigen in den gasförmigen Zustand über.

Das Teilchenmodell

Nach dem Teilchenmodell besteht jeder Stoff aus kleinsten Teilchen, die sich ständig bewegen. Die Teilchen eines Stoffes sind untereinander alle gleich. Die Teilchen verschiedener Stoffe unterscheiden sich voneinander in ihrer Masse und ihrer Größe.

Aggregatzustände und Teilchenmodell

Stoffe kommen in drei Aggregatzuständen vor: fest, flüssig und gasförmig. Die Übergänge zwischen den Aggregatzuständen nennt man Schmelzen und Erstarren, Verdampfen und Kondensieren.

Wird ein Stoff erhitzt oder abgekühlt, verändert sich die Bewegung der Teilchen. Auch die Stärke der Anziehungskräfte und die Abstände verändern sich.

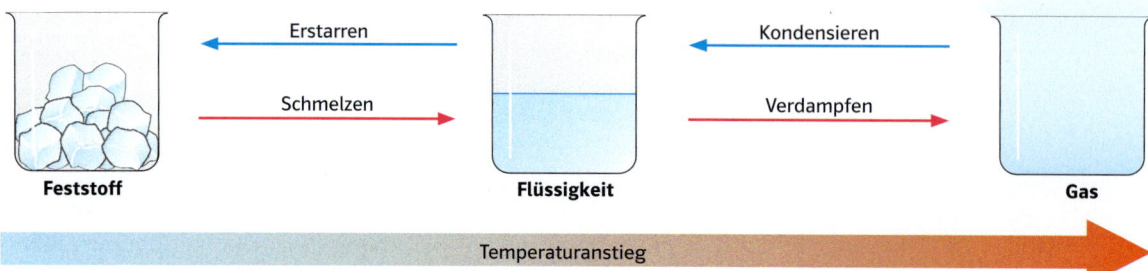

1 Die Änderungen der Aggregatzustände

1 Die Aggregatzustände des Wassers

1 Beschreibe anhand eines selbst gewählten Beispiels den Unterschied zwischen Gegenstand und Stoff.
► S.22

2 Zähle Stoffeigenschaften auf. Unterscheide zwischen messbaren und nicht messbaren Eigenschaften.
► S.24, 25

3 Metalle werden wegen ihrer Stoffeigenschaften häufig als Werkstoffe verwendet.
a) Nenne mindestens zwei Metalle als Beispiele.
b) Erkläre den Zusammenhang zwischen den Stoffeigenschaften der Metalle und ihrer Verwendung.
► S.25

4 Wie kannst du Kochsalz von Zucker unterscheiden? Beschreibe genau.
► S.25, 31

5 Beschreibe mit Fachbegriffen:
a) Was geschieht, wenn Wasserdampf unter 100 °C abgekühlt wird?
b) Was geschieht, wenn Wachs erhitzt wird, bis es gasförmig ist?
► S.34/35, 42/43

6 Elektrischer Leiter oder Nichtleiter? Ordne folgende Stoffe zu: Holz, Eisen, Gummi, Wachs, Gold, Glas, Kupfer.
► S.28

7 Begründe, warum der Begriff Leitfähigkeit nicht eindeutig ist.
► S.28

8 Erkläre folgende Sachverhalte mit dem Teilchenmodell:
a) Wasser siedet
b) flüssiges Blei erstarrt
c) Kochsalz löst sich in Wasser
► S.42/43

9 Teller können aus unterschiedlichen Stoffen hergestellt sein. Beschreibe die Vor- und Nachteile der verschiedenen Stoffe für diesen Verwendungszweck.
► S.24/25

10 Nenne einige Modelle, die in der Schule Verwendung finden. Beschreibe jeweils ihre Unterschiede zum Original.
► S.39

11 Die Eigenschaften eines Stoffes bestimmen seine Verwendung. Erkläre diese Aussage mit einem passenden Beispiel.
► S.32/33

12 An heißen Tagen sollte der Tank eines Pkw an der Tankstelle nicht bis zum Rand befüllt werden. Begründe.
► S.34/35

3 Stoffgemische und Trennverfahren

Woher kommt unser Kochsalz?

Welche Bestandteile findest du in einem Müsli?

Wie kannst du Müll vermeiden?
Erstelle ein Plakat.

Wozu nutzt man Kaffeefilter?

Was passiert mit unserem Müll?

n95f92

Reinstoff und Stoffgemisch

1 Müsli ist ein Stoffgemisch.

2 Zucker ist ein Reinstoff.

Vergleichst du Zucker und Müsli miteinander (▷ B 1, B2), kannst du im Müsli deutlich verschiedene <u>Bestandteile</u> erkennen. Der Zucker sieht dagegen überall gleich aus.

5   Zucker besteht nur aus einer einzigen Teilchenart mit gleichen Eigenschaften. Zucker wird daher als **Reinstoff** bezeichnet. Im Müsli liegen unterschiedliche Teilchen vor. Müsli ist ein **Stoffgemisch**. Die meisten Stoffe in
10 unserer Umgebung sind Stoffgemische.

Bestandteile
Teile, aus denen etwas besteht

Homogen und heterogen

Löst man etwas Zucker in Wasser, dann sieht das entstandene Gemisch wie ein einheitlicher Stoff aus. Auch unter dem Mikroskop
15 erkennt man die verschiedenen gelösten Bestandteile nicht mehr. Das sind **homogene Stoffgemische**.

   Stoffgemische, deren Bestandteile dagegen deutlich zu erkennen sind, werden
20 **heterogene Stoffgemische** genannt. Zu den heterogenen Stoffgemischen zählen zum Beispiel Orangensaft oder staubige Luft. (► Struktur und Eigenschaften, S.104/105)

**Reinstoffe sind Stoffe, die nur aus einem
25 einzigen Stoff bestehen. Stoffgemische enthalten mindestens zwei Reinstoffe.**

   **Bei heterogenen Stoffgemischen sind die unterschiedlichen Bestandteile zu erkennen. Bei homogenen Stoffgemischen
30 sind sie nicht erkennbar.**

Stoffe
├─ Reinstoffe
└─ Stoffgemische
   ├─ heterogene
   └─ homogene

3 Einteilung der Stoffe

Aufgaben

○ **1** Erläutere in eigenen Worten die Bedeutung der Begriffe „heterogenes Stoffgemisch" und „homogenes Stoffgemisch". (💡 S.117)

◐ **2** Ordne folgende Stoffe in Reinstoffe und Stoffgemische: Aluminium, Apfelsaft, Kupfer, Leitungswasser, Spülmittel, Traubenzucker.

● **3** Marmelade ist ein Stoffgemisch. Du kannst verschiedene Sorten Marmelade kaufen, die sich im Preis stark unterscheiden. Vergleiche die Inhaltsstoffe und stelle eine Vermutung zu den Preisunterschieden an.

Fachbegriffe für Stoffgemische

Für die verschiedenen Arten von Stoffgemischen gibt es Fachbegriffe (▷ B 1). Müsli ist ein heterogenes Stoffgemisch aus verschiedenen festen Bestandteilen. Ein solches
5 Stoffgemisch nennt man Feststoffgemisch. Liegen unlösliche Stoffe fein verteilt in einer Flüssigkeit vor, so handelt es sich um eine Suspension (▷ B 4).

Bei einer Emulsion ist eine Flüssigkeit in
10 feinen Tröpfchen in einer anderen Flüssigkeit verteilt (▷ B 3).

Verteilen sich feinste Flüssigkeitströpfchen in einem Gas, dann entsteht ein Nebel.

Wenn sich feinste Feststoffpartikel in
15 einem Gas verteilen, wird das Gemisch als Rauch bezeichnet.

Liegen feste, flüssige oder gasförmige Bestandteile in gelöster Form in einer Flüssigkeit vor, bezeichnet man ein solches
20 homogenes Stoffgemisch als Lösung.

Weitere Fachbegriffe für Stoffgemische findest du in der Tabelle (▷ B 1).

Benennung der Stoffgemische	Aggregatzustand der Bestandteile	Beispiel
heterogen		
Feststoffgemisch	fest in fest	Müsli
Suspension	fest in flüssig	Orangensaft
Emulsion	flüssig in flüssig	Milch
Rauch	fest in gasförmig	Zigarettenrauch
Nebel	flüssig in gasförmig	Parfümnebel
Schaum	gasförmig in flüssig	Rasierschaum
homogen		
Legierung	fest in fest	Messing
Lösung	fest in flüssig flüssig in flüssig gasförmig in flüssig	Zuckerwasser Tafelessig Mineralwasser
Gasgemisch	gasförmig in gasförmig	Luft

1 Einteilung und Benennung von Stoffgemischen

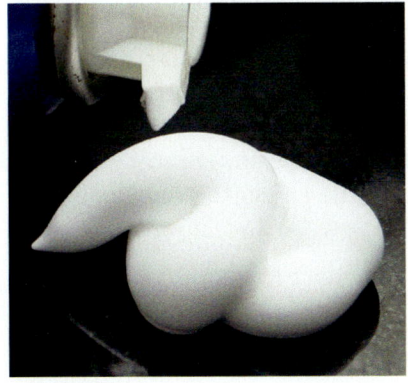

2 Schaum

3 Emulsion

4 Suspension

Aufgaben

1 Ordne den Stoffgemischen den richtigen Fachbegriff zu:
a) Kochsalz und Wasser
b) Asche und Luft
c) Sand und Wasser

2 Informiere dich über die
LS Bestandteile von Leitungswasser. Erläutere mithilfe der Tabelle (▷ B 1), warum Leitungswasser kein Reinstoff ist.

3 Ist frisch gepresster Apfelsaft eine Suspension oder eine Lösung? Begründe deine Meinung.

n95f92

Einfache Trennverfahren

1 Auch Vögel trennen Stoffgemische.

2 Der Mähdrescher trennt duch Windsichten.

Trennen durch Auslesen

Vögel sind wählerisch. Oft picken sie aus einer Futtermischung die Körner heraus, die ihnen am besten schmecken (▷ B 1). Dabei
5 nutzen die Vögel ein einfaches Trennverfahren: das **Auslesen**. Auf diese Weise können die Bestandteile eines Stoffgemisches z. B. nach Form, Größe oder Farbe sortiert werden.

Trennen durch Sieben

10 Sind die Bestandteile eines Stoffgemisches unterschiedlich groß, können diese durch **Sieben** getrennt werden. Siebe werden z. B. in der Küche verwendet, um Nudeln nach dem Kochen vom Wasser zu trennen.

15 Windsichten

Um Getreidekörner nach der Ernte von den Resten der Getreideähren zu trennen, lässt man das Gemisch im Wind zu Boden rieseln.

Das schwere Korn fällt dabei zu Boden, leich-
20 tere Bestandteile werden vom Wind weggeweht. Das nutzen auch Mähdrescher bei der Ernte von Getreide (▷ B 2).

Sedimentieren und Dekantieren

Entnimmt man einem Fluss nach einem starken Regen Wasser, ist es meistens trüb.
25 Lässt man das Wasser jedoch einige Zeit stehen, setzen sich die festen Bestandteile am Boden ab. Das Wasser wird wieder klar. Dieses Absetzen wird **Sedimentieren** genannt.
30 Durch vorsichtiges **Dekantieren** (Abgießen) lässt sich die klare Flüssigkeit vom Bodensatz trennen.

Stoffe können durch Auslesen, Sieben, Windsichten, Sedimentieren und Dekantieren
35 **voneinander getrennt werden.**

Ähre
Oberster Teil des
Getreidehalms

(▷ S. 117)

Aufgaben

○ **1** Gib ein Trennverfahren an für:
a) ein Gemisch aus Kies und Sand,
b) eine Nussmischung.
(💡 S. 117)

○ **2** Benenne die Eigenschaft, die beim Sieben zur Stofftrennung genutzt wird. (💡 S. 117)

◐ **3** Aus verschmutztem Wasser soll durch Sedimentieren und Dekantieren Trinkwasser

hergestellt werden. Beurteile die Erfolgsaussichten.

● **4** Auch beim Goldwaschen werden Stoffe getrennt. Informiere dich über diese Methode und erkläre sie.

Stoffgemische trennen

1 Müslimischung

Material
1 Packung Müsli, Zahnstocher, Teller

Versuchsanleitung
Gib etwas Müsli auf den Teller. Sortiere die Bestandteile nach ihrer Form, ihrer Farbe und ihrem Geschmack (▷ B 1).

Aufgaben
1. Welche Bestandteile enthält das Müsli? Notiere, was du gefunden hast, und vergleiche das Ergebnis mit den Angaben auf der Packung.
2. Stelle ein Rezept für dein Lieblingsmüsli zusammen.

1 Was ist in Müsli enthalten?

2 Stoffgemische trennen

Material
Schutzbrille, Wasser, Teeglas, Teeblätter, Kies, Sand, Wasserkocher

Versuchsanleitung
a) Erhitze das Wasser, bis es kocht. Gieße das heiße Wasser über die Teeblätter im Teeglas (▷ B 2).
b) Mische den Kies und den Sand.

Aufgaben
1. Überlege dir, wie du die Stoffgemische trennen kannst. Beschreibe.

3 Reinigung von Schmutzwasser

Material
Erlenmeyerkolben (25 ml, Weithals), Becherglas (150 ml, hohe Form), Löffel, Wasser, Sand, Erde

Versuchsanleitung
a) Fülle das Becherglas etwa zur Hälfte mit Wasser und „verschmutze" es mit Sand und Erde.
b) Lasse das Gemisch einige Zeit ruhig stehen, damit es sedimentieren kann (▷ B 3).
c) Dekantiere dann vorsichtig das überstehende Wasser und gieße es in den Erlenmeyerkolben. Achte darauf, dass weder Sand noch Erde mit abgegossen werden (▷ B 4).

2 Tee mit Teeblättern

2. Besorge die notwendigen Geräte und trenne die Stoffgemische.

Aufgabe
1. Stelle die dekantierte Flüssigkeit neben ein Becherglas mit reinem Wasser und vergleiche. Erkläre die Unterschiede.

3 Sedimentieren   4 Dekantieren

Aufgaben

○ **1** Schreibe alle Trennverfahren auf, die in den Versuchen zum Einsatz kommen.
(💡 S. 117)

◔ **2** Welche Voraussetzungen müssen gegeben sein, damit man zwei Stoffe durch Sedimentieren voneinander trennen kann? Erkläre.

● **3** Wie könnte das Versuchsergebnis beim Reinigen von Schmutzwasser weiter verbessert werden? Beschreibe mögliche Vorgehensweisen.

n95f92

Filtrieren und Eindampfen

Filter in Küche und Labor

Nudeln kannst du nach dem Kochen leicht mit einem Sieb vom Wasser trennen. Beim Kaffeekochen reicht ein Sieb nicht aus, um
5 das fein gemahlene Kaffeepulver zurückzuhalten. Anstelle des Siebes verwendet man daher einen Kaffeefilter. Mit einem **Filter** lassen sich auch kleine ungelöste Feststoffe von einer Flüssigkeit abtrennen.

10 Im Labor verwendet man spezielle Filterpapiere. Sie werden gefaltet in einen Trichter gelegt. Der ungelöste Feststoff bleibt auf dem Filterpapier im Trichter zurück, die filtrierte Flüssigkeit wird in einem Glasgefäß
15 aufgefangen (▷ B 1, B 2).

Trennen durch Eindampfen

Erhitzt du in einem Topf Salzwasser bis zum Sieden, verdampft das Wasser. Im Topf bleibt ein weißer Feststoff zurück, das Salz.

20 Die Wasser-Teilchen gehen beim Sieden als Wasserdampf in die Umgebung über, während die Salz-Teilchen zurückbleiben (▷ B 3). Beim **Eindampfen** nutzt man die unterschiedlichen Siedetemperaturen der Stoffe aus, um
25 ein Stoffgemisch zu trennen.

Verdunsten im Alltag

Wenn du deine Haare nach dem Duschen an der Luft trocknen lässt, geht das Wasser ohne zu sieden in Wasserdampf über. Man sagt,
30 das Wasser **verdunstet**. Das Gleiche kann man in der Wüste beobachten. Dort verdunstet Wasser sehr schnell.

Beim Filtrieren werden ungelöste Feststoffe von einer Flüssigkeit abgetrennt.
35 **Beim Eindampfen nutzt man die unterschiedlichen Siedetemperaturen der Stoffe, um ein Gemisch zu trennen.**

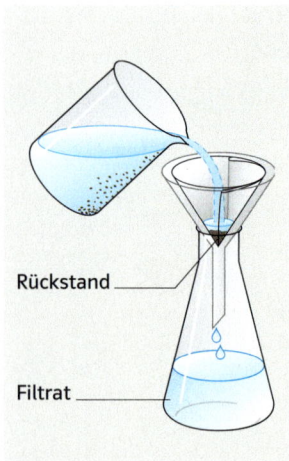

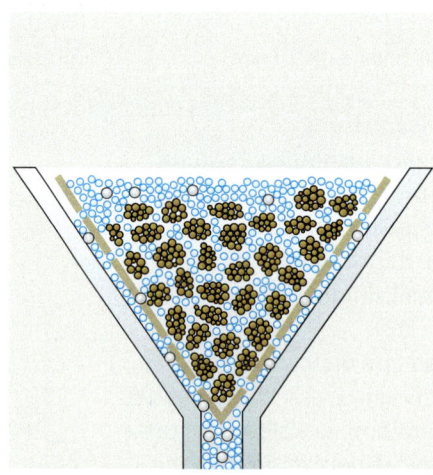

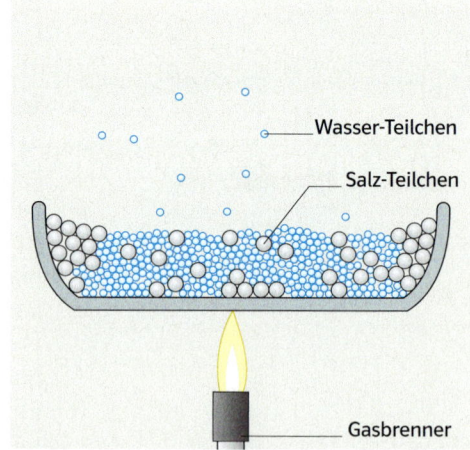

1 So werden Filter im Labor eingesetzt.

2 Filtrieren im Teilchenmodell

3 Eindampfen einer Salzlösung im Teilchenmodell

Aufgaben

1 Zeichne die Apparatur von Bild 1 ab. Beschrifte zusätzlich alle Glasgeräte. (💡 S. 117)

2 Erläutere, wie sich zwei Stoffe unterscheiden müssen, damit man sie durch Filtrieren bzw. Eindampfen trennen kann.

3 Begründe mithilfe des Teilchenmodells, warum Bratensoße nach dem Eindampfen salziger schmeckt.

Ein natürlicher Filter

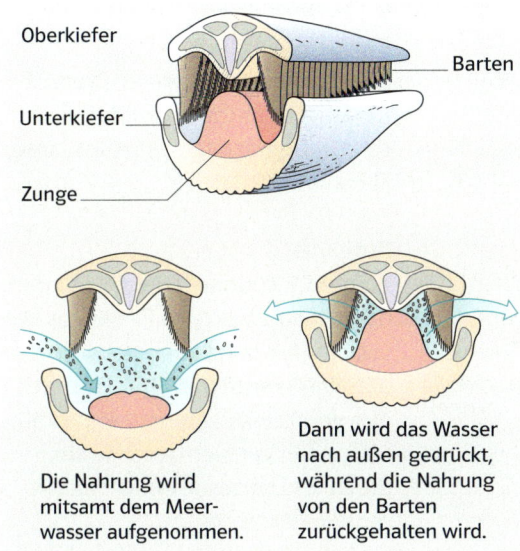

Oberkiefer

Barten

Unterkiefer

Zunge

Die Nahrung wird mitsamt dem Meerwasser aufgenommen.

Dann wird das Wasser nach außen gedrückt, während die Nahrung von den Barten zurückgehalten wird.

1 Nahrungsaufnahme beim Bartenwal

2 Wale

Zahnlose Giganten

Blauwale können bis zu 30 Meter lang und bis zu 200 Tonnen schwer werden. Aber wusstest du, dass sie keine Zähne besitzen? Anstelle der Zähne haben Blauwale Barten. Das sind lange Platten aus Horn, die vom Oberkiefer herabhängen und an den Rändern ausgefranst sind. Blauwale gehören deshalb zu den Bartenwalen. Auch der Finnwal, der Zwergwal und der Buckelwal (▷ B 2) zählen dazu.

Wie ernähren sich Bartenwale?

Bartenwale ernähren sich größtenteils von kleinen Krebsen, dem Krill. Diese orange gefärbten Krebse sind nur ungefähr so groß wie ein Streichholz. Ein Blauwal muss daher täglich eine sehr große Menge Krill fressen.

Zur Nahrungsaufnahme öffnet der Blauwal sein riesiges Maul und lässt das Meerwasser mit dem darin schwimmenden Krill hineinfließen. Dann schließt er sein Maul und drückt das Wasser mit der Zunge durch die Barten wieder heraus (▷ B 1).

Der Krill bleibt zurück, weil er nicht durch die Öffnungen zwischen den Barten passt. Bis zu 50 kg Krill bleiben jedes Mal in den Barten hängen. Der Blauwal muss nur noch den Krill hinunterschlucken. Die Barten sind also ein natürlicher Filter.

Horn
Stoff, aus dem auch Hörner, Haare und Fingernägel bestehen

ausgefranst
nicht glatt, mit Fransen

Aufgaben

1 Barten wirken als natürlicher Filter. Erläutere, welche „Stoffe" durch die Barten getrennt werden und welche Eigenschaft dafür entscheidend ist.

2 Vergleiche die Barten eines Blauwals mit einem Filterpapier.

3 Stelle die Barten in einem **LS** Modell dar.
a) Entwickle ein Modell, das die Funktionsweise der Barten veranschaulicht.
b) Baue das Modell nach Absprache mit deiner Lehrkraft.
c) Beschreibe, worin sich dein Modell von der Wirklichkeit unterscheidet. (► S. 113)

Kochsalz aus Steinsalz

1 Zerkleinern

Material
Schutzbrille, Reibschale mit Pistill, einige Brocken Steinsalz

Versuchsanleitung
Zerkleinere das Steinsalz in einer Reibschale mit einem Pistill (▷ B 1).

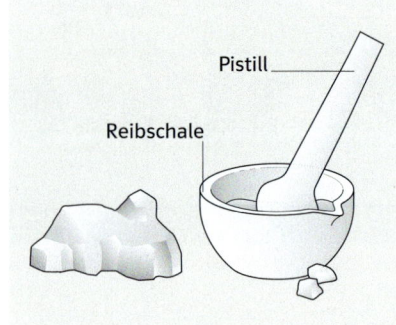

Pistill

Reibschale

1 Steinsalz wird zerkleinert.

2 Lösen in Wasser

Material
Schutzbrille, Becherglas (250 ml), Spatellöffel, Glasstab, destilliertes Wasser, zerkleinertes Steinsalz aus Versuch 1

Versuchsanleitung
Fülle ca. 100 ml destilliertes Wasser in das Becherglas. Gib einen Teil des zerriebenen Steinsalzes dazu und rühre dabei gut um.

3 Filtrieren

Material
Schutzbrille, Becherglas, Erlenmeyerkolben (250 ml, Enghals), Trichter, Rundfilter, Salzlösung aus Versuch 2

Versuchsanleitung
a) Falte den Rundfilter einmal in der Mitte und anschließend ein weiteres Mal, sodass er die Form eines Viertelkreises hat (▷ B 2).

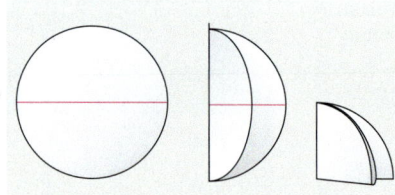

2 So faltest du den Rundfilter.

b) Setze den gefalteten Rundfilter in den Trichter ein und gieße die Salzlösung hinein. Fange das Filtrat im Erlenmeyerkolben auf (▷ B 3).

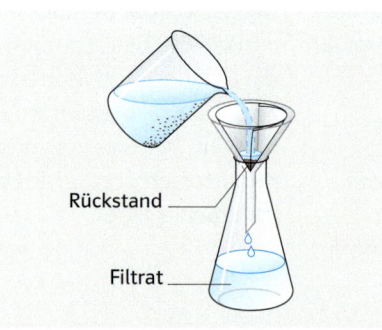

Rückstand

Filtrat

3 Die Lösung wird filtriert.

4 Eindampfen

Material
Schutzbrille, Gasbrenner, Dreifuß, Keramik-Drahtnetz, Abdampfschale, Tiegelzange, Pinzette, Lupe, Filtrat aus Versuch 3

Aufgabe
1. Entwickle einen Versuch, mit dem du Kochsalz aus dem Filtrat aus Versuch 3 gewinnen kannst. Nutze das oben genannte Material. Besprich den Versuch mit deiner Lehrkraft. Führe den Versuch anschließend durch und verfasse ein Versuchsprotokoll (▶ S. 111).

4 Die Lösung wird eingedampft.

Aufgaben

1 Zähle alle Trennverfahren auf, die du für diese Versuche genutzt hast. (💡 S. 117)

2 Das Filtrieren hat große Ähnlichkeit mit dem Sieben. Erkläre Gemeinsamkeiten und Unterschiede.

3 Das Eindampfen einer Salzlösung in einer Abdampfschale kann gefährlich sein. Begründe.

Salzgewinnung

n95f92

Salz aus Meerwasser

Um Speisesalz aus Meerwasser zu gewinnen, wird das Meerwasser in große, flache Becken geleitet. In diesen sogenannten Salzgärten verdunstet das Wasser durch die Wärme der Sonne. Zurück bleibt das Meersalz, das gereinigt als Speisesalz in den Handel kommt. Am Mittelmeer findet man viele solcher Salzgärten (▷ B 1).

Salz aus Salzlagerstätten

Auch im Landesinneren findet man Salz. Diese Salzlagerstätten haben sich vor vielen Millionen Jahren aus Meerwasser gebildet und wurden nach und nach von Erdschichten bedeckt. Es entstanden sogenannte Salzstöcke. Diese Salzstöcke werden in Salzbergwerken durch Bohren und Sprengen abgebaut. Dabei erhält man Steinsalz (▷ B 2), aus dem schließlich Speisesalz gewonnen wird.

Salz aus Sole

Früher nutzte man natürliche Sole zur Salzgewinnung. Sole ist eine Salz-Wasser-Lösung aus natürlichen Vorkommen. Heute leitet man durch tiefe Bohrlöcher Wasser in die Salzstöcke, um das Salz herauszulösen. Dabei bilden sich im Untergrund mit Sole gefüllte Hohlräume, aus denen die Sole abgepumpt und anschließend eingedampft wird. Dieses Verfahren nennt man Bohrlochsolung. Es ist eine Alternative zum bergmännischen Abbau der Salzstöcke.

Vorkommen
Ort, wo man Salz finden kann

bergmännischen Abbau
Salz mit Geräten aus dem Berg holen

1 Salz aus Meerwasser

2 Abbau von Steinsalz

Aufgaben

1 Begründe, warum an Nordsee und Ostsee keine Salzgärten zu finden sind.

2 Vergleiche die unterschiedlichen Möglichkeiten zur Gewinnung von Salz. Beurteile die Vor- und Nachteile der einzelnen Verfahren.

3 Recherchiere in verschiedenen Quellen, wie der Soleabbau genau abläuft. Liste die einzelnen Schritte auf und fertige eine Skizze dazu an.

4 Informiere dich über die Entstehung von Salzstöcken. Halte einen kurzen Vortrag hierzu. (► S.114)

Die Chromatografie

1 Chromatografie im Modell

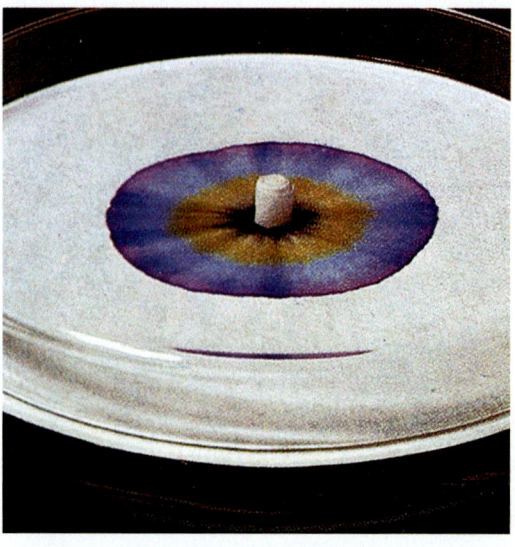

2 Papier-Chromatografie in der Petrischale

Lässt man Wasser auf einem Filterpapier über schwarze, wasserlösliche Filzstiftfarbe laufen (▷ B 2), werden nach einiger Zeit unterschiedliche Farben sichtbar. Die Filzstift-
5 farbe ist kein Reinstoff, sondern ein Gemisch aus unterschiedlichen Farbstoffen, die im Versuch getrennt werden. Dieses Trennverfahren heißt **Chromatografie**.

Wie funktioniert die Chromatografie?

10 Es ist wie bei einem Wettrennen von Strandseglern. Einige haben Kufen, einige Räder (▷ B 1). Am Start stehen alle zusammen. Nach einiger Zeit sind sie auseinandergezogen, weil sie unterschiedlich schnell sind. Das liegt
15 daran, dass Kufen stärker am Sand haften als Räder. Diese Eigenschaft nennt man **Haftfähigkeit**.

Auch bei der Papier-Chromatografie ist die Haftfähigkeit die entscheidende Trenneigen-
20 schaft. Ein Stoffgemisch wird zunächst in einem geeigneten Lösungsmittel gelöst. Die gelösten Stoffe wandern unterschiedlich schnell mit dem Lösungsmittel über das Papier. Stoffe, die gut am Papier haften, wan-
25 dern nur langsam mit. Stoffe, die nicht so gut am Papier haften, sind schneller und schaffen so eine größere Strecke auf dem Filterpapier. So können z. B. Farbstoff-Gemische in ihre Bestandteile zerlegt werden.
30 (► Stoffe und Teilchen, S.102/103)

Bei der Chromatografie werden Stoffe durch ihre unterschiedliche Haftfähigkeit getrennt.

Aufgaben

○ **1** Erläutere das Prinzip der Stofftrennung durch Chromatografie. (💡 S.117)

◐ **2** Bei einer Chromatografie mit Wasser hat sich die Farbe nicht aufgetrennt. Deute dieses Ergebnis.

● **3** Erkläre die Modelldarstellung der Chromatografie in Bild 1 mithilfe des Textes. (► S.113)
LS

Farbgemische lassen sich trennen

1 Chromatografie mit Filzstiftfarbe

Material
Petrischale, 2 Rundfilter, Wasser, schwarze, wasserlösliche Filzstifte verschiedener Hersteller

Versuchsanleitung
a) Bohre mit einem Bleistift ein Loch in die Mitte des einen Rundfilters.

b) Male mit mehreren schwarzen, wasserlöslichen Filzstiften verschiedener Hersteller ca. 3 mm große Punkte um das Loch in der Mitte des Rundfilters. Achte darauf, dass die Punkte nicht zu dick aufgetragen werden.

c) Falte den zweiten Rundfilter zu einem ca. 3 cm breiten Streifen. Rolle diesen zu einem „Docht" zusammen und schiebe ihn durch das Loch im ersten Rundfilter (▷ B 1).

d) Fülle eine Petrischale zur Hälfte mit Wasser und lege den Rundfilter so darauf, dass der Docht in das Wasser taucht.

e) Lass den Versuchsaufbau erschütterungsfrei stehen und beobachte genau.

Aufgaben
1. Beschreibe deine Ergebnisse und vergleiche sie mit den Ergebnissen deiner Mitschülerinnen und Mitschüler.

2. Wiederhole den Versuch mit andersfarbigen, wasserlöslichen Filzstiften. Beschreibe und deute deine Ergebnisse.

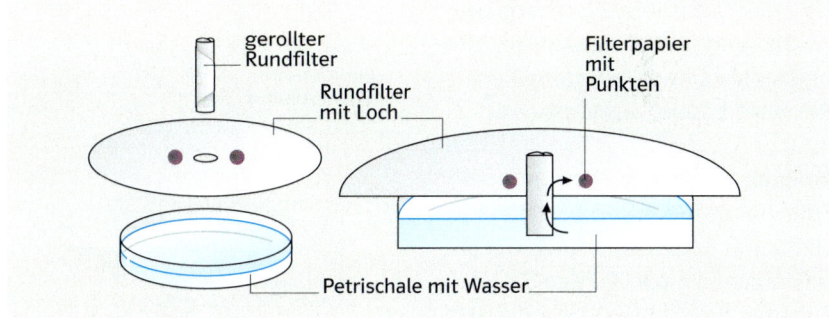

gerollter Rundfilter
Filterpapier mit Punkten
Rundfilter mit Loch
Petrischale mit Wasser

1 Chromatografie mit Filzstiftfarbe

2 Chromatografie mit Blattgrün

Material
Schutzbrille, Becherglas (100 ml), Becherglas (250 ml, hohe Form), Messzylinder (100 ml), Uhrglas, Reibschale mit Pistill, Trichter, Pipette, Rundfilter, Streifen Chromatografie-Papier, Seesand, 10 ml Brennspiritus, Waschbenzin, frische grüne Blätter z. B. Feldsalat

Versuchsanleitung
a) Zerrupfe einige Blätter und zerreibe sie in der Reibschale zusammen mit etwas Seesand und 10 ml Brennspiritus mit dem Pistill.

b) Filtriere die entstandene, grüne Lösung in das kleine Becherglas.

c) Trage mit der Pipette ca. 1 cm von der unteren Kante des Chromatografie-Papiers eine dünne Linie mit der grünen Lösung auf.

b) Gib in das 250 ml Becherglas so viel Waschbenzin, dass der Boden des Glases bedeckt ist.

c) Stelle das Chromatografie-Papier schräg in das Becherglas. Achte darauf, dass die grüne Linie oberhalb des Waschbenzins bleibt und decke das Becherglas mit einem passenden Uhrglas zu (▷ B 2). Lass es erschütterungsfrei stehen.

d) Ist die Flüssigkeit von dem Papier aufgesaugt und möglichst hoch in dem Papier-Streifen gestiegen, entnimm das Papier und lass es anschließend trocknen.

Aufgabe
1. Beschreibe das Ergebnis deines Versuches.

2 Chromatografie mit Blattgrün

Wir entwickeln eine Destillationsapparatur

1 Salzlösung herstellen
Material
Schutzbrille, Becherglas (250 ml), Spatellöffel, Glasstab, Kochsalz, Wasser

2 Süßwasser aus Salzwasser
Material
Schutzbrille, Gasbrenner, Dreifuß, Keramik-Drahtnetz, 2 Bechergläser (250 ml und 100 ml), Glasplatte, 2 Reagenzglashalter, Siedesteinchen, Kochsalz-Lösung aus Versuch 1

Versuchsanleitung
Fülle das größere Becherglas zur Hälfte mit Kochsalz-Lösung. Gib Siedesteinchen hinzu. Erhitze die Lösung bis zum Sieden. Halte die Glasplatte oben und unten mit den beiden Reagenzglashaltern schräg in den Dampf. Fange die konden-

3 Kühlung mit Kaltluft
Material
Schutzbrille, Gasbrenner, Stativ, Doppelmuffe, Universalklemme, Becherglas (250 ml), Reagenzglas, Glasrohr (ungleichschenklig gewinkelt), Stopfen (einfach durchbohrt), Siedesteinchen, Kochsalz-Lösung aus Versuch 1

Versuchsanleitung
a) Fülle das Reagenzglas etwa zu einem Drittel mit Kochsalz-Lösung und einigen Siedesteinchen. Stecke das gewinkelte Glasrohr durch die Bohrung im Stopfen.
b) Verschließe das Reagenzglas mit dem Stopfen. Befestige es wie in Bild 2. Stelle das Becherglas unter das Glasrohr.

Versuchsanleitung
Fülle das Becherglas mit Wasser und gib einige Spatellöffel Kochsalz hinzu. Rühre mit dem Glasstab, bis sich das Kochsalz gelöst hat.

sierte Flüssigkeit im kleineren Becherglas auf (▷ B 1).

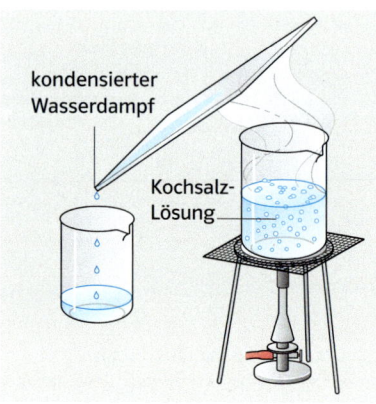

1 Süßwassergewinnung

c) Erhitze die Kochsalz-Lösung im Reagenzglas mit der schwach rauschenden Brennerflamme. Fange das Destillat über das Glasrohr im Becherglas auf.

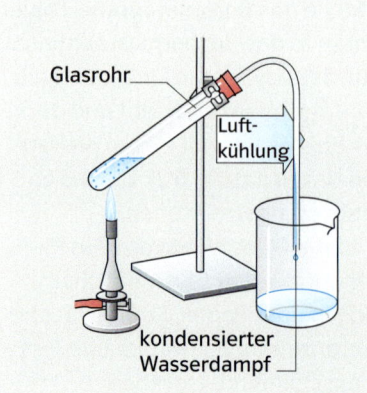

2 Kühlung mit Kaltluft

4 Im Kühlbad
Material
Schutzbrille, Gasbrenner, Stativ, 2 Doppelmuffen, 2 Universalklemmen, Becherglas (250 ml), 2 Reagenzgläser, Glasrohr (ungleichschenklig gewinkelt), Stopfen (einfach durchbohrt), Siedesteinchen, kaltes Wasser, Kochsalz-Lösung aus Versuch 1

Versuchsanleitung
a) Gehe vor wie in Versuch 3 a).
b) Fülle das große Becherglas zur Hälfte mit kaltem Wasser. Befestige das andere Reagenzglas so am Stativ, dass es möglichst tief in das Wasser eintaucht (▷ B 3).
c) Erhitze das Salzwasser im Reagenzglas mit der schwach rauschenden Brennerflamme.

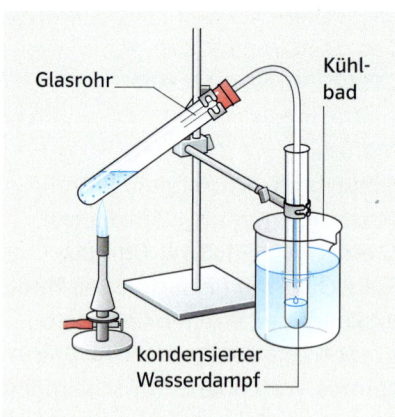

3 Kühlung im Wasserbad

Aufgabe
● **1** Bei allen drei Verfahren handelt es sich um eine unterschiedlich wirksame Destillation. Erkläre.

Trinkwasser durch Destillation

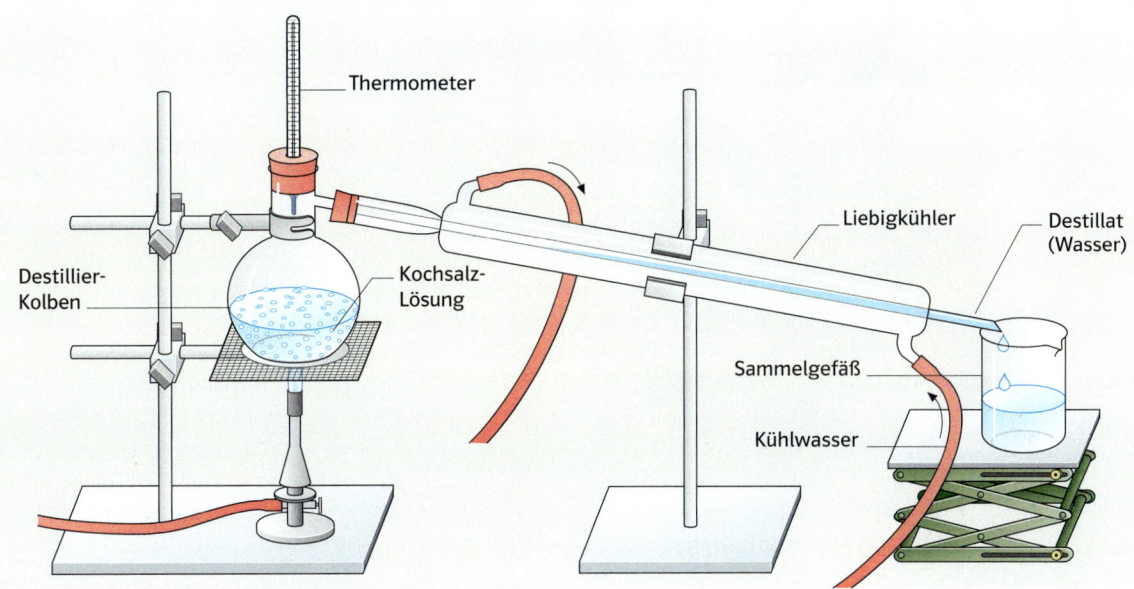

1 Destillationsapparatur zum Destillieren einer Kochsalzlösung

Trinkwasser aus Meerwasser

In einigen Mittelmeerländern wird ein Teil des Trinkwassers aus Meerwasser gewonnen. Dazu wird Meerwasser in großen, mit Glas
5 überdachten Anlagen von der Sonne erwärmt. Das Wasser verdunstet und kondensiert an den Glasflächen. Von dort fließt es in Sammelrinnen zusammen. Das Salz bleibt dabei im restlichen Meerwasser zurück. Das Ver-
10 dampfen und anschließende Kondensieren einer Flüssigkeit bezeichnet man als **Destillation**.

Damit man das beim Destillieren gewonnene reine Wasser als Trinkwasser nutzen
15 kann, werden ihm noch geringe Mengen an Mineralstoffen zugegeben. Das so gewonnene Trinkwasser unterscheidet sich dann kaum noch von natürlichem Mineralwasser.

Destillieren im Labor

20 Für eine Destillation im Labor verwendet man eine Destillationsapparatur (▷ B 1). Ihr Hauptbestandteil ist der Liebigkühler. Ein Liebigkühler besteht aus einem Kondensationsrohr und einem Kühlmantel. Beim Destillieren
25 wird der Dampf aus dem Destillierkolben durch das Kondensationsrohr geleitet. Im Kühlmantel strömt in umgekehrter Richtung kaltes Wasser ein. Dadurch ist die Glaswand nach unten hin kühler. So wird der Dampf be-
30 sonders gut abgekühlt. Der Dampf kondensiert. Das so gewonnene Destillat tropft in das Sammelgefäß.

Die Trennung eines Stoffgemisches durch Verdampfen und anschließendes Kondensie-
35 **ren nennt man Destillation.**

Sammelrinne
Vertiefung, in der sich das Wasser sammelt

Aufgaben

○ **1** Trinkwasser wird aus Meerwasser durch Destillation gewonnen. Beschreibe. (💡 S. 117)

◐ **2** Erläutere, welche Stoffeigenschaft man beim Destillieren einer Kochsalz-Lösung nutzt.

● **3** Warum werden Dampfbügeleisen meistens mit destilliertem Wasser befüllt? Begründe.

n95f92

Trennverfahren im Alltag

Material 1

Recycling
Neue Gegenstände aus Kunststoff-Müll

Aus Kunststoff-Müll können neue Gegenstände hergestellt werden. Man kann zum Beispiel alte Flaschen schmelzen und sie in eine neue Form bringen. Dafür muss der Müll vorher sehr genau getrennt werden. Denn Müll ist nicht gleich Müll. Verpackungen, die im gelben Sack oder der gelben Tonne landen, bestehen meist aus Kunststoffen oder Metallen. Diese müssen später von Maschinen oder mit der Hand sortiert werden, bevor aus ihnen neue Gegenstände wie Flaschen, Kugelschreiber oder Stifte hergestellt werden können.

Material 2   ## Welche Trennverfahren werden hier genutzt?

Material 3

Was steckt in einem Getränkekarton?
1 - Kunststoff: schützt gegen Feuchtigkeit von außen
2 - Pappe: gibt Stabilität
3 - Kunststoff: verbindet die benachbarten Schichten
4 - Aluminiumfolie: schützt den Inhalt vor Licht und
     Sauerstoff von außen
5 - Kunststoff: verbindet die benachbarten Schichten
6 - Kunststoff: verhindert das Auslaufen des Inhalts

MEHR...

Nils: Hi, alles klar fürs nächste Wochenende?

Chris: Klar, bin gerade dabei noch ein paar Dinge einzukaufen.

Nils: Freue mich schon. Habe noch nie so mitten in „der Wildnis" gezeltet.

Chris: Für Trinkwasser habe ich übrigens eine coole Idee im Internet gefunden!

Nils: Meinst du, das funktioniert wirklich?

Aufgaben

1 Lies Material 1.
- a) Beschreibe, welche Gegenstände du in Bild 1 siehst. (💡 S. 117)
- b) Stelle eine Vermutung an, welche Teile des abgebildeten Mülls zu Kugelschreibern verarbeitet werden können. Begründe deine Auswahl.
- c) Stelle das „Leben" einer
  LS Kunststoff-Flasche in einem passenden Diagramm dar. (► S.112) Nimm dazu die Informationen aus dem Text zu Hilfe.

2 Sieh dir Material 2 an.
- a) Ordne die Trennverfahren den Bildern zu: Auslesen, Sieben, Dekantieren. (💡 S.117)
- b) Erkläre, wofür die Trennverfahren verwendet werden.
- c) Schreibe einen Tagebucheintrag, in dem du mindestens drei Trennverfahren erwähnst, die du an diesem Tag verwendet hast.

3 Sieh dir Material 3 an.
- a) Beschreibe, aus welchen Stoffen ein Getränkekarton aufgebaut ist. (💡 S.118)

- b) Begründe, warum Getränkekartons sehr schwer zu recyceln sind.
- c) Plane einen Versuch zur Trennung der verschiedenen Schichten eines Getränkekartons.

4 Lies Material 4.
- a) Erkläre, wie Nils und Chris mithilfe des Lochs und der Folie trinkbares Wasser erhalten können.
- b) Plant einen Versuch, mit dem ihr die Idee auf dem Bild überprüfen könnt.

Müll oder Rohstoff?

(A) Unser Müll belastet die Umwelt

Jährlich fallen in Deutschland im Durchschnitt 462 kg Müll pro Kopf an. Oft sehen wir überquellende Mülltonnen oder achtlos weggeworfenen Müll an Straßenrändern und auf Feldern. Fotos zeigen uns riesige Inseln aus Kunststoff-Müll, die in Ozeanen treiben.

(B) Müll sortieren

Im Müll sind viele wertvolle Stoffe wie Glas, Papier, Kunststoffe und viele andere enthalten. Es ist wichtig, sie möglichst sauber getrennt vom Rest-Müll in den bereitstehenden Abfallbehältern zu entsorgen. Aber aufgepasst! Die Farben der Tonnen sind regional verschieden z. B. kann die Bio-Tonne grün oder braun sein.

C Müll verwerten

Um die Umwelt und die Rohstoff-Reserven zu schonen, ist es wichtig, diese Wertstoffe in den Stoffkreislauf zurückzuführen. Diesen Vorgang nennt man Recycling. Besonders Altglas lässt sich gut recyceln, da es beliebig oft eingeschmolzen und zu neuen Gegenständen geformt werden kann. Auch Papier, Kunststoffe und Metalle lassen sich recyceln. Aus Bio-Müll entsteht wertvolle Erde.

D Müll vermeiden

Kartoffeln, Äpfel und Bananen sind beispielsweise schon von Natur aus verpackt. In einem mitgebrachten Netz können sie in der gewünschten Menge abgewogen werden. Viele Getränke, Milch oder Joghurt sind in Mehrwegflaschen erhältlich. Unseren Einkauf können wir in einem Korb oder einer Tasche verstauen.

Recycling führt Wertstoffe in den Stoffkreislauf zurück. Um die Umwelt und die Rohstoff-Reserven zu schonen, sollte Müll möglichst vermieden werden.

Aufgaben

1 Erläutere in eigenen Worten den Begriff „Recycling". (💡 S.118)

2 Zähle Möglichkeiten auf, Müll zu vermeiden. (💡 S.118)

3 Beschreibe den im Bild dargestellten Stoffkreislauf von Glas in ganzen Sätzen.

4 Informiert euch in der Gruppe über die einzelnen Schritte des Papier-Recyclings und erstellt dazu ein Plakat. (► S.114)

5 Recherchiere, welche Folgen „Fehleinwürfe" beim Bio-Müll in den Kompostier-Anlagen haben können. (► S.112)

Reinstoffe

Reinstoffe sind Stoffe, die nur aus einem Stoff bestehen. Reinstoffe sind durch messbare Stoffeigenschaften wie Schmelztemperatur,
5 Siedetemperatur und Löslichkeit gekennzeichnet.

Stoffgemische

Stoffgemische enthalten mindestens zwei Reinstoffe. Bei heterogenen Stoffgemischen
10 sind die unterschiedlichen Bestandteile zu erkennen. Ein homogenes Stoffgemisch sieht dagegen auf den ersten Blick wie ein Reinstoff aus. Erst bei einer näheren Untersuchung sind die unterschiedlichen Bestandteile
15 teile erkennbar.

Trennverfahren

Für die Trennung eines Stoffgemisches in seine Bestandteile gibt es unterschiedliche Trennverfahren. Stoffgemische können bei-
20 spielsweise durch Auslesen, Sieben, Filtrieren oder Destillieren getrennt werden. Zur Trennung nutzt man die Stoffeigenschaft, in der sich die Bestandteile unterscheiden. So führen unterschiedliche Siedetemperaturen bei
25 der Destillation zur Trennung. Die unterschiedliche Teilchengröße wird beim Filtrieren zur Trennung genutzt (▷ B 1).

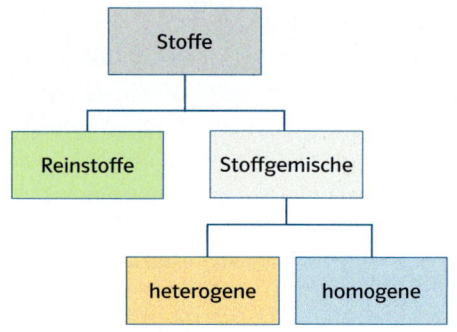

2 Einteilung der Stoffe

Müllrecycling

In unserem Müll stecken viele wertvolle
30 Stoffe: Papier, Glas, Metalle, Kunststoffe und Bioabfälle. Recycling führt Stoffe in den Stoffkreislauf zurück und schont so die Umwelt und die Rohstoff-Reserven. Beispielsweise lässt sich Altglas beliebig oft
35 wieder einschmelzen. Dazu muss es aber möglichst nach Farben getrennt gesammelt werden.

Trennverfahren	Genutzte Stoffeigenschaft
Adsorbieren	Haftfähigkeit
Auslesen	Farbe, äußere Form, …
Chromatografieren	Haftfähigkeit
Dekantieren	Schwere der Teilchen
Destillieren	Siedetemperatur
Eindampfen	Siedetemperatur
Filtrieren	Teilchengröße
Sedimentieren	Schwere der Teilchen
Sieben	Teilchengröße
Windsichten	Schwere der Teilchen

1 Wichtige Trennverfahren

1 Zuckerrüben enthalten viel Zucker.

1 Beschreibe den Unterschied zwischen einem Reinstoff und einem Stoffgemisch.
► S. 48

2 Reinstoff oder Stoffgemisch? Erstelle eine Tabelle und ordne folgende Stoffe richtig zu: Eisen, Inhalt einer Tütensuppe, Leitungswasser, Luft, Traubenzucker, Waschpulver.
► S. 48

3 Welche Stoffeigenschaft nutzt du beim Filtrieren aus? Beschreibe.
► S. 52

4 Zähle Verwendungsmöglichkeiten von Filtern in deinem Alltag auf.
► S. 52

5 Mehr Wasser aus Meerwasser: Beschreibe das Verfahren, mit dem aus Meerwasser Trinkwasser gewonnen wird. Benutze dabei Fachbegriffe.
► S. 59

6 Während eines Regenschauers ist das Wasser in einer Pfütze zunächst trüb. Nach dem Regenschauer wird es klar. Erkläre diese Beobachtung unter Verwendung der Fachbegriffe.
► S. 50

7 Haushaltszucker wird aus Zuckerrüben (▷ B 1) gewonnen. Kocht man Rübenstückchen in Wasser, löst sich der Zucker. Beschreibe ein Trennverfahren, mit dem man den Zucker aus dem Zuckerwasser gewinnen kann.
► S. 52

8 Ein Gemisch aus Kochsalz, Eisenpulver, Seesand und Sägemehl soll getrennt werden. Plane die einzelnen Schritte der Trennung. Beachte die richtige Reihenfolge.
► S. 50 – 52

9 In vielen Bereichen unseres täglichen Lebens werden Stoffgemische getrennt. Gib für die folgenden Beispiele die eingesetzten Trennverfahren und die zur Trennung genutzten Stoffeigenschaften an:
a) Orangen-Öl wird aus Orangenschalen gewonnen.
b) Küchendünste werden in einer Dunstabzugshaube mit Aktivkohlefiltern gereinigt.
c) Kaffee wird in einer Kaffeemaschine zubereitet.
► S. 50 – 59

10 Begründe die Notwendigkeit der Mülltrennung.
► S. 62/63

11 Erkläre die Funktionsweise eines Liebigkühlers und begründe, warum er so wirksam kühlt.
► S. 59

4 Wasser – ein lebenswichtiger Stoff

Woher kommt unser Trinkwasser?

Was ist der Unterschied zwischen Trinkwasser und Meerwasser?

Wofür benötigst du in deinem Alltag Wasser? Schreibe einen Tagebucheintrag dazu.

Wie wird in einer Kläranlage das Wasser gereinigt?

Wieviel Liter Wasser verbrauchst du am Tag?

v6gw33

Die Eigenschaften des Wassers

1 Meerwasser

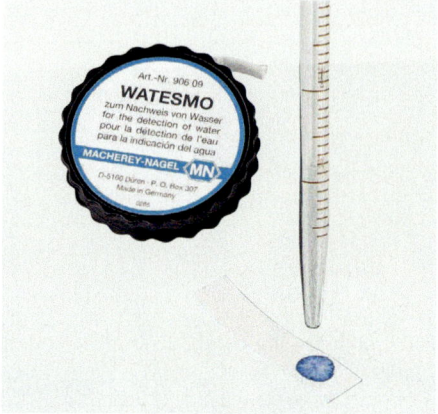

2 Watesmo-Papier

Wasser ist nicht gleich Wasser

Aus unseren Wasserhähnen fließt klares, sauberes **Trinkwasser**. Wir nutzen es zum Kochen, Waschen und Trinken. Den größten
5 Teil des Wassers auf der Erde bildet aber das salzhaltige **Meerwasser** (▷ B 1). Meerwasser kann den Durst nicht löschen und nicht zum Waschen eingesetzt werden. Besser dafür geeignet ist **Quellwasser**. Es ist meist so sauber,
10 dass es getrunken werden kann. Quellwasser enthält gelöste Mineralstoffe, die unser Körper benötigt. Das im Labor verwendete Wasser enthält keine gelösten Stoffe. Es ist ein Reinstoff. In der Natur kommt solch reines
15 Wasser aber nicht vor, es muss hergestellt werden, z. B. durch Destillation. Dieses reine Wasser ist als Trinkwasser ungeeignet.

Eigenschaften von Wasser

Reines Wasser ist geruchlos, geschmack-
20 los und farblos. Seine Siedetemperatur ist 100 °C. Bei 0 °C erstarrt Wasser zu Eis. Wasser ist ein gutes Lösungsmittel für viele Stoffe. Eine Lösung hat andere Eigenschaften als das reine Wasser. Salzwasser gefriert bei
25 einer niedrigeren Temperatur als reines Wasser. Dies nutzt man im Winter, um vereiste Straßen mit Streusalz aufzutauen. Zieht im Sommer ein Gewitter auf, darf man im Freibad nicht mehr ins Wasser. Das Bade-
30 wasser enthält gelöste Stoffe, die es elektrisch leitfähig machen. Reines Wasser ist dagegen ein Nichtleiter. Zum Nachweis von Wasser wird Watesmo-Papier verwendet. Mit Wasser verfärbt es sich von weiß nach
35 blau (▷ B 2).

In Trinkwasser, Meerwasser und Quellwasser sind gelöste Stoffe enthalten. Destilliertes Wasser ist ein Reinstoff. Es erstarrt bei 0 °C und siedet bei 100 °C.

Aufgaben

○ 1 Zähle einige Wasserarten auf. (💡 S. 118)

◔ 2 Ordne die in Aufgabe 1 aufgezählten Wasserarten in Reinstoffe und Stoffgemische. Begründe deine Entscheidung.

◔ 3 Erläutere die Funktion von Streusalz.

● 4 Begründe, warum man in der Natur kein reines Wasser findet.

Wir ermitteln die Eigenschaften des Wassers

1 Wasser und Salzwasser werden fest

Material
Schutzbrille, Becherglas (100 ml, hohe Form), 2 Reagenzgläser, Thermometer, Spatellöffel, Waage, Kochsalz, destilliertes Wasser, Eis

Versuchsanleitung
a) Wiege etwa 50 g Eis und 10 g Kochsalz ab und vermische diese im Becherglas durch Schütteln. Dieses Gemisch nennt man Kälte-mischung.
b) Fülle ein Reagenzglas etwa 2 cm hoch mit destilliertem Wasser. Stelle das Reagenzglas in das Becherglas mit der Kältemischung.

Stelle in das Reagenzglas ein Ther-mometer. Notiere die Temperatur, bei der das Wasser im Reagenzglas fest ist.
c) Wiederhole den Versuch mit einem zweiten Reagenzglas. Gib jedoch diesmal eine Spatelspitze Kochsalz in das destillierte Wasser. Schüttle, bis sich das Salz gelöst hat. Stelle auch dieses Reagenzglas in die Kältemischung. Notiere, bei welcher Temperatur das Salzwasser im Reagenzglas fest wird.

Aufgabe
1. Vergleiche die Temperaturen, bei denen destilliertes Wasser und Salzwasser fest werden.

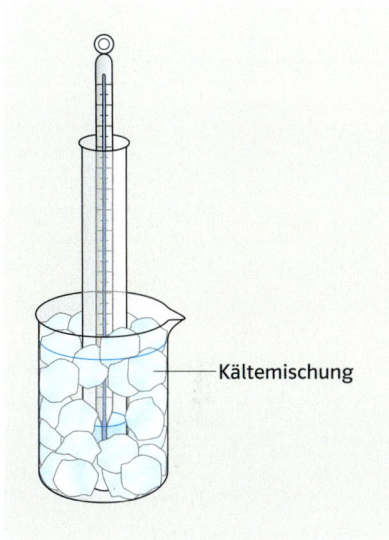

Kältemischung

1 Wasser in der Kältemischung

2 Wasser löst auch Gase

Material
Schutzbrille, Kunststoff-Wanne, Messzylinder (100 ml), Brause-tablette, Wasser

Versuchsanleitung
Führe den folgenden Versuch einmal mit kaltem und einmal mit warmem Wasser durch.
a) Fülle die Wanne mit etwas Wasser. Fülle dann den Mess-zylinder möglichst vollständig mit Wasser. Verschließe den Mess-zylinder mit der Hand, drehe ihn um

und stelle ihn mit der Öffnung nach unten in die mit Wasser gefüllte Wanne.
b) Lege eine halbe Brausetablette so schnell wie möglich unter die Öffnung des Messzylinders. Wenn die Gasentwicklung beendet ist, lies ab, wie viel Gas entstanden ist. Lege dann die zweite Hälfte unter den Messzylinder. Lies wieder ab.

Aufgabe
1. Vergleiche die Gasentwicklung in kaltem und in warmem Wasser. Fertige ein Versuchsprotokoll an.

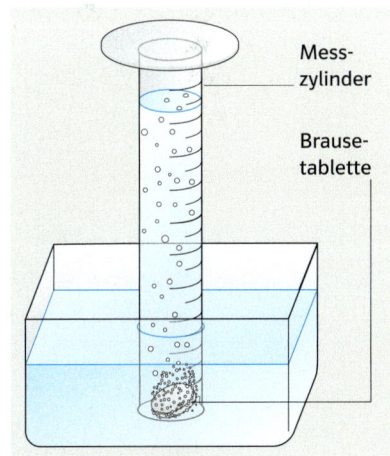

Mess-zylinder

Brause-tablette

2 Gas wird aufgefangen.

Aufgaben

○ 1 Erläutere, warum kohlen-säurehaltige Getränke nicht in der Sonne liegen sollten. (💡 S. 118)

● 2 Du bekommst folgendes Material: Schutzbrille, Gas-brenner, Dreifuß, Kera-mik-Drahtnetz, Porzellan-schale, Trinkwasser.

Plane einen Versuch, mit dem du überprüfen kannst, ob Trinkwasser ein Reinstoff ist.

v6gw33

Wir nutzen Wasser

Material 1

Liebe Klara,

vielen Dank für Deinen letzten Brief. Bei uns wird es langsam dunkel und ich habe etwas Zeit, Dir zu schreiben. Heute war ich mit meiner Mutter und meiner kleinen Schwester am Brunnen im Nachbardorf. Der Brunnen in unserem Dorf ist leider schon seit Monaten ohne Wasser. Deshalb müssen wir jedes Mal zwei Kilometer zum Wasserholen laufen. Dafür benötigen wir eine halbe Stunde.

Auf dem Rückweg dauert es noch länger, da die Kanister echt schwer sind. Wir müssen immer wieder eine Pause machen. Und trinken kann man das Wasser auch erst, nachdem Mama es gekocht hat. Das Wasser aus unserem Brunnen war besser. Woher bekommt ihr eigentlich euer Wasser? Und ist das Wasser sauber?

Liebe Grüße, Alika

Material 2 **Trinkwassergewinnung**

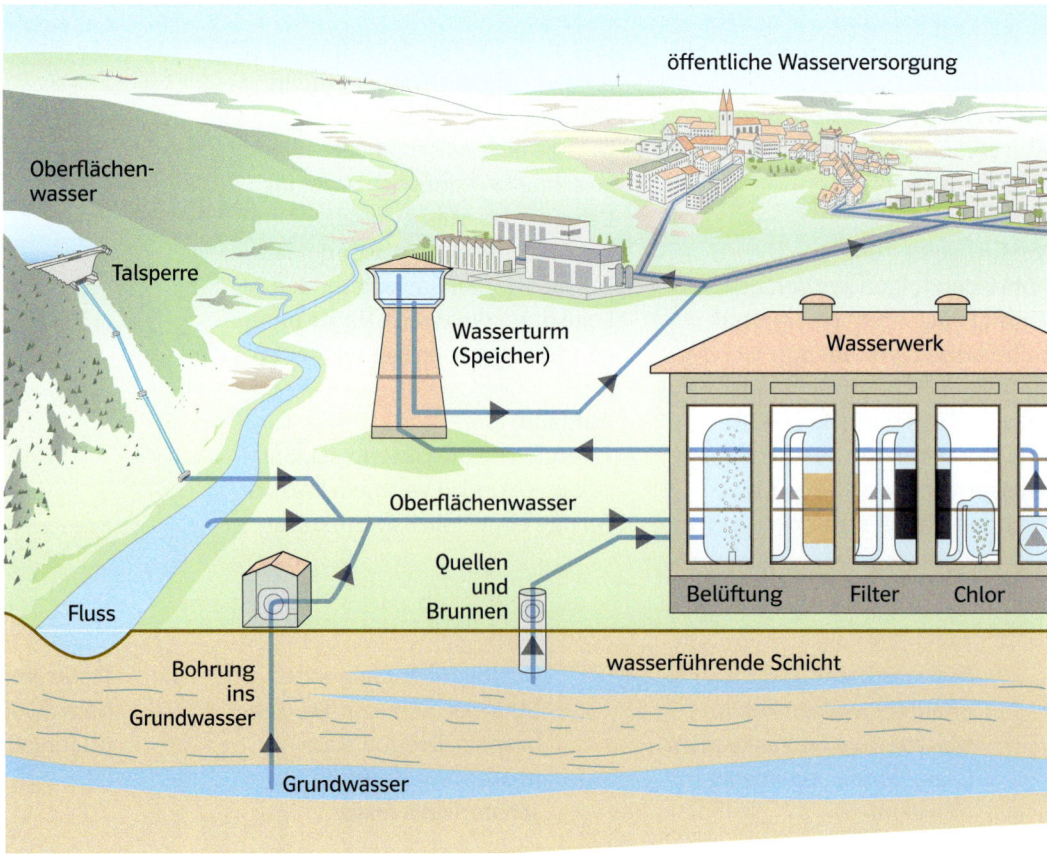

Material 3

Talkshow: Eine Stadt will Wasser sparen

Mal wieder ist ein heißer Sommer. In den Städten sinkt der Grundwasserspiegel ab. Gemeinsam soll eine Lösung gefunden werden, wie man den Wasserverbrauch senken kann.

Stadtbewohnerin:
Gerade im Sommer ist Trinken besonders wichtig. Ich trinke täglich ca. 2-3 l. Bei der Hitze dusche ich mindestens einmal am Tag. Dabei verbrauche ich 15 l Wasser pro Minute. Manchmal bade ich aber lieber, das benötigt etwa 140 l Wasser. Außerdem benötige ich Wasser für die Toilettenspülung (ca. 3 l), zum Waschen der Wäsche (ca. 50 l) oder zum Kochen (ca. 3 l).

Zoodirektor:
Natürlich benötigen unsere Tiere viel Wasser. Da kommen täglich schon mal 70 000 l zusammen. Allerdings wird nur ca. 1/4 der Wassermenge durch Frischwasser abgedeckt. Wir können das auch nicht reduzieren. Schließlich besuchen viele Bewohner unserer Stadt gerade an heißen Tagen und in den Ferien unseren Zoo. Dadurch steigt der Wasserbedarf auch noch einmal an, zum Beispiel für die Toiletten.

Waschanlagenbesitzer:
In unserer modernen Anlage brauchen wir für die Wäsche eines Autos etwa 500 l Wasser. Allerdings ist der größte Teil aus unserer eigenen Kläranlage. Wir benötigen nämlich nur etwa 15 l frisches Wasser pro Auto. Wenn Sie Ihr Auto mit der Hand waschen, benötigen Sie bis zu 140 l.

Vorsitzender des Kleingärtnervereins:
Im Sommer sind unsere Gärten kühl und erholsam. Damit das so bleibt, benötigen wir etwa 15 l pro Quadratmeter Rasen.

Schwimmbadbetreiber:
Wir haben sehr genaue Vorschriften: pro Gast und Tag müssen wir 30 l frisches Wasser in die Becken nachfüllen. Natürlich benötigen wir unter anderem auch noch Wasser für unsere Toiletten und Duschen. Aber schließlich bieten wir im Sommer auch eine wichtige Abkühlung für die Menschen.

Aufgaben

1 Lies Material 1.

a) Erläutere, warum Wasser eine große Rolle im Leben von Alika spielt. (💡 S. 118)

b) Vergleiche den Umgang mit Trinkwasser in Teilen Afrikas mit deinem Leben in Deutschland.

2 Sieh dir Material 2 an.

a) Beschreibe den Weg des Trinkwassers. (💡 S. 118)

b) Stelle eine Vermutung an, welchen Einfluss heiße Sommer auf die Trinkwasserversorgung haben, und erläutere dies.

3 Lies Material 3.

a) Erstelle eine Tabelle mit allen Liter-Angaben der Diskussionsteilnehmer. (💡 S. 118)

b) Erläutere, wer am meisten Wasser verbraucht.

c) Befrage 5 Leute, wo und wie viel Wasser sie nutzen. Erstelle mit den Ergebnissen ein Plakat. (▶ S. 114)

d) Führt die Talkshow in der Gruppe durch. Jeder übernimmt dabei eine der Rollen aus dem Material 3. Diskutiert, wie ihr Wasser sparen könntet.

v6gw33

Das Weltwasser in Zahlen

Der blaue Planet

Mehr als zwei Drittel unserer Erde sind mit Wasser bedeckt. Vom Weltall aus betrachtet erscheinen diese Wasserflächen blau. Daher
5 wird unsere Erde häufig auch als „blauer Planet" bezeichnet.

Süßwasser und Salzwasser

Von jeweils 100 Teilen Wasser auf der Erde sind 97 Teile salzhaltiges Meerwasser. Nur 3
10 der 100 Teile sind Süßwasser. Süßwasser ist Wasser, in dem kein oder nur wenig Salz gelöst ist. Von den 3 Teilen Süßwasser sind wiederum 2 Teile gefroren. Sie bilden das Eis

an Nord- und Südpol und in den Gletschern.
15 Nur etwa 1 Teil des gesamten Wassers auf der Erde ist flüssiges Süßwasser.

Die Verteilung des Süßwassers

Den größten Teil des Süßwassers macht das **Grundwasser** aus. Etwa die Hälfte des
20 Grundwassers befindet sich jedoch in großen Tiefen. Auch das Oberflächenwasser in Seen und Flüssen zählt zum Süßwasser.

Die Erdoberfläche ist zu 71 % mit Wasser bedeckt. Davon sind 97 % Meerwasser und nur
25 **3 % Süßwasser.**

Gletscher
großes Eisfeld, das sich in einem Strom langsam ins Tal bewegt

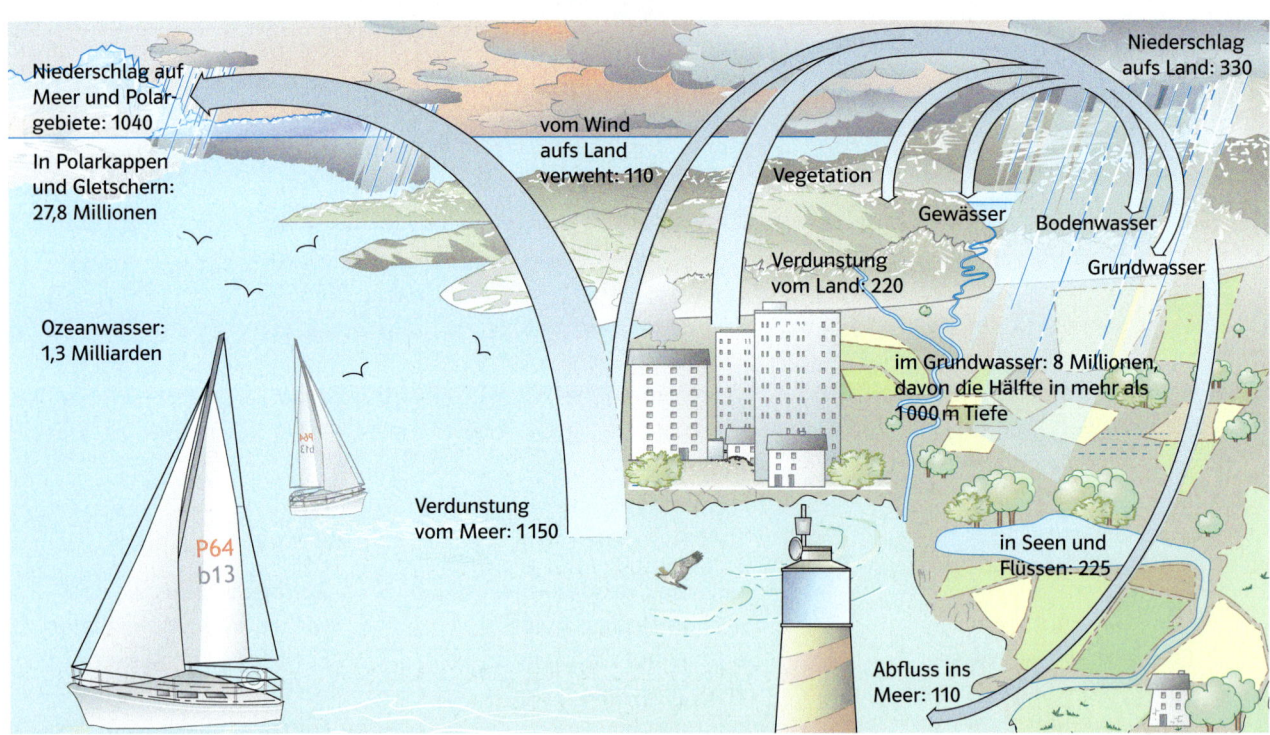

Niederschlag auf Meer und Polargebiete: 1040

In Polarkappen und Gletschern: 27,8 Millionen

Ozeanwasser: 1,3 Milliarden

Verdunstung vom Meer: 1150

vom Wind aufs Land verweht: 110

Vegetation

Verdunstung vom Land: 220

Niederschlag aufs Land: 330

Gewässer   Bodenwasser

Grundwasser

im Grundwasser: 8 Millionen, davon die Hälfte in mehr als 1000 m Tiefe

in Seen und Flüssen: 225

Abfluss ins Meer: 110

1 Das Weltwasser in Zahlen: Angaben in km³/Tag. Ein Kubikkilometer entspricht einer Billion Liter (1 km³ = 1 000 000 000 000 l).

Aufgaben

○ **1** Warum wird die Erde auch „blauer Planet" genannt?
(S. 118)

◒ **2** Ordne die Zahlenwerte aus Bild 1 in einer zweispaltigen Tabelle.

● **3** Beschreibe Verhaltensweisen, die dazu beitragen, unsere Oberflächengewässer nicht weiter zu verschmutzen.

Stilles und sprudelndes Wasser

1 Ein Wassersprudler versetzt Wasser mit Kohlenstoffdioxid.

2 Verschiedene Sorten Mineralwasser

Trinkwasser, Mineralwasser, Sprudel, stilles Wasser, Selterswasser – die Vielfalt der Begriffe ist verwirrend. Gemeinsam haben diese Wassersorten, dass sie zum Trinken
5 geeignet sind.

Trinkwasser

Trinkwasser bezeichnet man oft auch als Leitungswasser. Es wird in Deutschland durch die Trinkwasserverordnung streng kontrolliert. In
10 dieser Verordnung sind die erlaubten Inhaltsstoffe und deren Höchstgrenzen genau festgelegt. Leitungswasser ist geschmacklos. Damit es erfrischender schmeckt, kann man das Gas Kohlenstoffdioxid hineinpressen (▷ B 1).
15 So erhält man Sprudel. Beim Öffnen einer Sprudelflasche zischt es und Gasbläschen steigen auf: Ein Teil des Kohlenstoffdioxids entweicht.

Mineralwasser

20 Mineralwasser stammt aus unterirdischen Brunnen oder Quellen. Es gibt Mineralwasser mit viel, wenig oder ganz ohne Kohlenstoffdioxid (▷ B 2). Dies wird durch die Bezeichnungen „classic", „medium" oder „still" ange-
25 geben. In Mineralwasser sind Verbindungen von Calcium, Natrium oder Magnesium gelöst. Diese Mineralstoffe sind wichtig für den Stoffwechsel. Mineralwasser muss besondere Bedingungen erfüllen. Beispielsweise darf
30 es vor dem Abfüllen nicht geklärt werden. Es muss von Natur aus rein sein.

Andere Bezeichnungen

Selterswasser ist eine im Alltag oft gebrauchte Bezeichnung für Mineralwasser, das Koh-
35 lensäure enthält. Seit 1984 darf in Deutschland der Name „Selters" offiziell nur noch als Markenname verwendet werden.

Aufgaben

1 Wenn man das Gas Kohlenstoffdioxid in Kalkwasser einleitet, trübt sich das Kalkwasser. Plane einen Versuch, mit dem du zeigen kannst, dass Sprudel Kohlenstoffdioxid enthält.

2 Mineralwässer unterliegen nicht der Trinkwasserverordnung. Beurteile diesen Sachverhalt.

3 Auf dem Etikett einer Mineralwasserflasche sind die enthaltenen Mineralstoffe und ihre Anteile aufgeführt. Stelle die Anteile in einer geeigneten Grafik dar.

v6gw33

Die Kläranlage

Wasser, das wir in den Ausguss oder in die Toilette schütten, wird zu Abwasser. Das Abwasser gelangt durch große Kanäle unter der Straße zur **Kläranlage**. Dort wird das Abwasser so weit gereinigt, dass es in die Flüsse eingeleitet werden kann.

Die drei Reinigungsstufen einer Kläranlage:

mechanische Reinigungsstufe

biologische Reinigungsstufe

chemische Reinigungsstufe

Rechen

Ein Rechen säubert das Abwasser zuerst mechanisch. Gitter und Siebe halten grobe Stoffe zurück.

Flockungsfiltration

Manchmal befinden sich noch Stoffe im Wasser, die nur chemisch entfernt werden können. Manche Kläranlagen haben dafür ein weiteres Becken. Darin werden dem Wasser Flockungsmittel zugesetzt, die mit den Verunreinigungen Flocken bilden. Ein Filter hält die Flocken zurück.

Leitung zum Vorfluter

Über den Vorfluter, meist ein Fließgewässer (z. B. ein Fluss), gelangt das gereinigte Wasser wieder in den natürlichen Wasserkreislauf zurück.

Abwasser

Sandfang

Eingeblasene Luft sorgt dafür, dass der Sand sich absetzt und von anderen Schwebstoffen trennt. Öle und Fette sammeln sich an der Oberfläche und können abgeschöpft werden.

Sand

Nachklärbecken

Das Wasser fließt hier langsamer, damit sich die Kleinstlebewesen als Schlamm absetzen können.

Schlamm

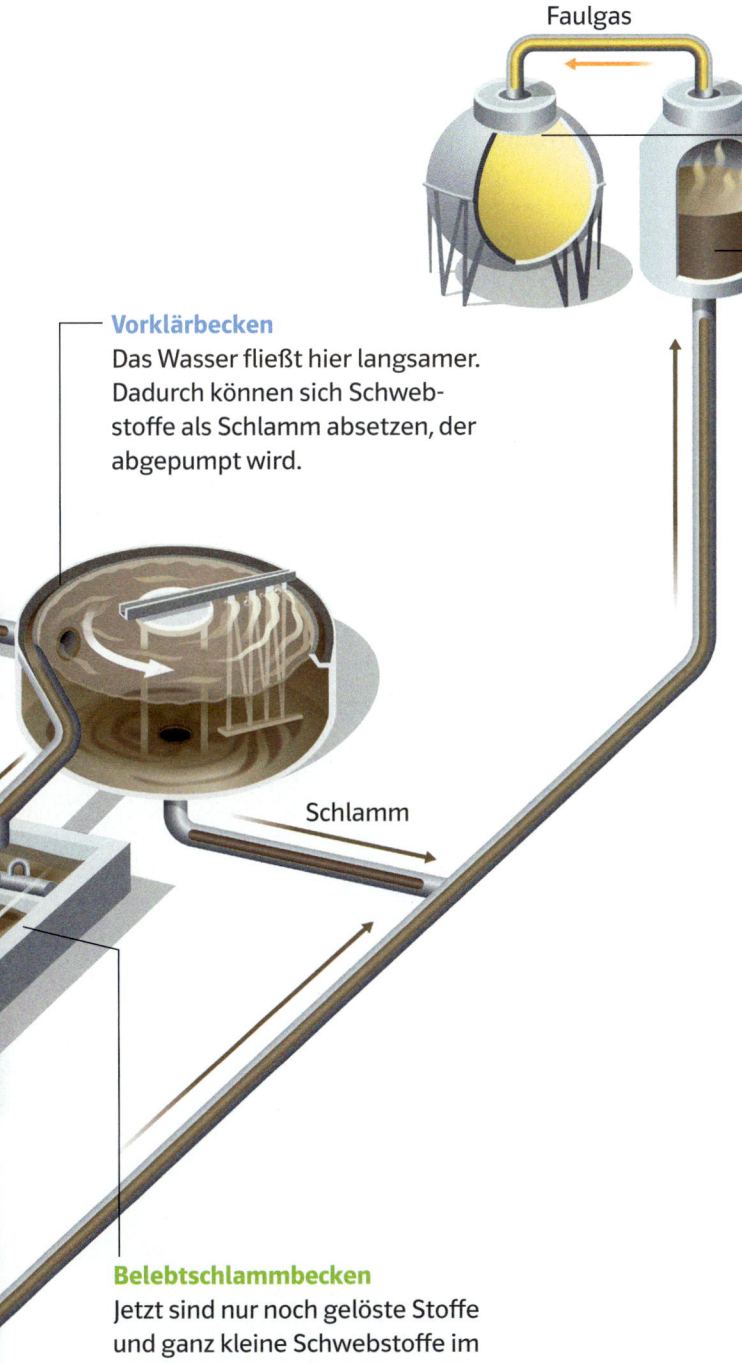

Faulgas

Faulturm und Gasbehälter
Der Schlamm aus Vorklärbecken und Nachklärbecken wird im Faulturm gesammelt,
wo er sich zersetzt. Das entstehende Faulgas kann zur Energiegewinnung eingesetzt
werden. Der übrige Klärschlamm wird entweder als Dünger in der Landwirtschaft verwendet oder verbrannt. Die Asche wird
dann auf einer Deponie entsorgt.

Vorklärbecken
Das Wasser fließt hier langsamer.
Dadurch können sich Schwebstoffe als Schlamm absetzen, der
abgepumpt wird.

Schlamm

Eine Kläranlage reinigt das Abwasser in
verschiedenen Stufen: der mechanischen,
der biologischen und der chemischen Stufe.

Aufgaben

1 Nenne die einzelnen Reinigungsstufen
einer Kläranlage. (☝ S. 118)

2 Beschreibe die Funktion der einzelnen
Reinigungsstufen. (☝ S. 118)

3 Erkläre, warum die zentrale Reinigungsstufe einer Kläranlage „biologische Reinigungsstufe" genannt wird.

4 Benenne alle Trennverfahren, die
bei der Abwasserreinigung genutzt
werden.

5 Begründe, weshalb dem Wasser im
Belebtschlammbecken Luft zugeführt
wird.

6 Welche Folgen hat es, wenn Abwasser
nicht geklärt wird? Erläutere.

Belebtschlammbecken
Jetzt sind nur noch gelöste Stoffe
und ganz kleine Schwebstoffe im
Wasser. Kleinstlebewesen ernähren
sich davon. Damit diese Lebewesen
ideale Lebensbedingungen haben,
wird Luft zugeführt.

v6gw33

Nicht nur Wasser bewegt sich im Kreis

Wasser ist überall

Meere, Flüsse und Seen enthalten Wasser. Auch im Boden und in der Luft ist Wasser gespeichert. Diese Wasserspeicher stehen
5 in ständigem Austausch miteinander.

Wasser bewegt sich im Kreis

Von Gewässern und von der Erde steigt Wasserdampf in die Atmosphäre auf. Mit zunehmender Höhe nimmt die Temperatur der Luft
10 ab. Deshalb kondensiert der Wasserdampf und es bilden sich Wolken aus feinen Wassertröpfchen. Ballen sie sich zusammen, so bilden sich große, schwere Wassertropfen, die als Regen auf die Erde fallen. Gefrieren
15 die Wassertropfen, fällt Schnee oder Hagel.

Ein Teil der Niederschläge sammelt sich in Flüssen und Seen. Ein anderer Teil versickert im Boden und gelangt über das **Grundwasser** wieder ins Meer. Das Grundwasser ist auch
20 die Quelle für Bäche und Flüsse, die das Wasser ins Meer leiten (▷ B 1).

Das Wasser bewegt sich in verschiedenen Kreisläufen, die von der Sonne angetrieben werden.

Der Blutkreislauf
25
Der Wasserkreislauf ist nur einer von vielen Stoffkreisläufen. Auch das Blut fließt in einem Kreislauf.

Das Herz pumpt das Blut über Arterien zur
30 Lunge und in die anderen Teile des Körpers

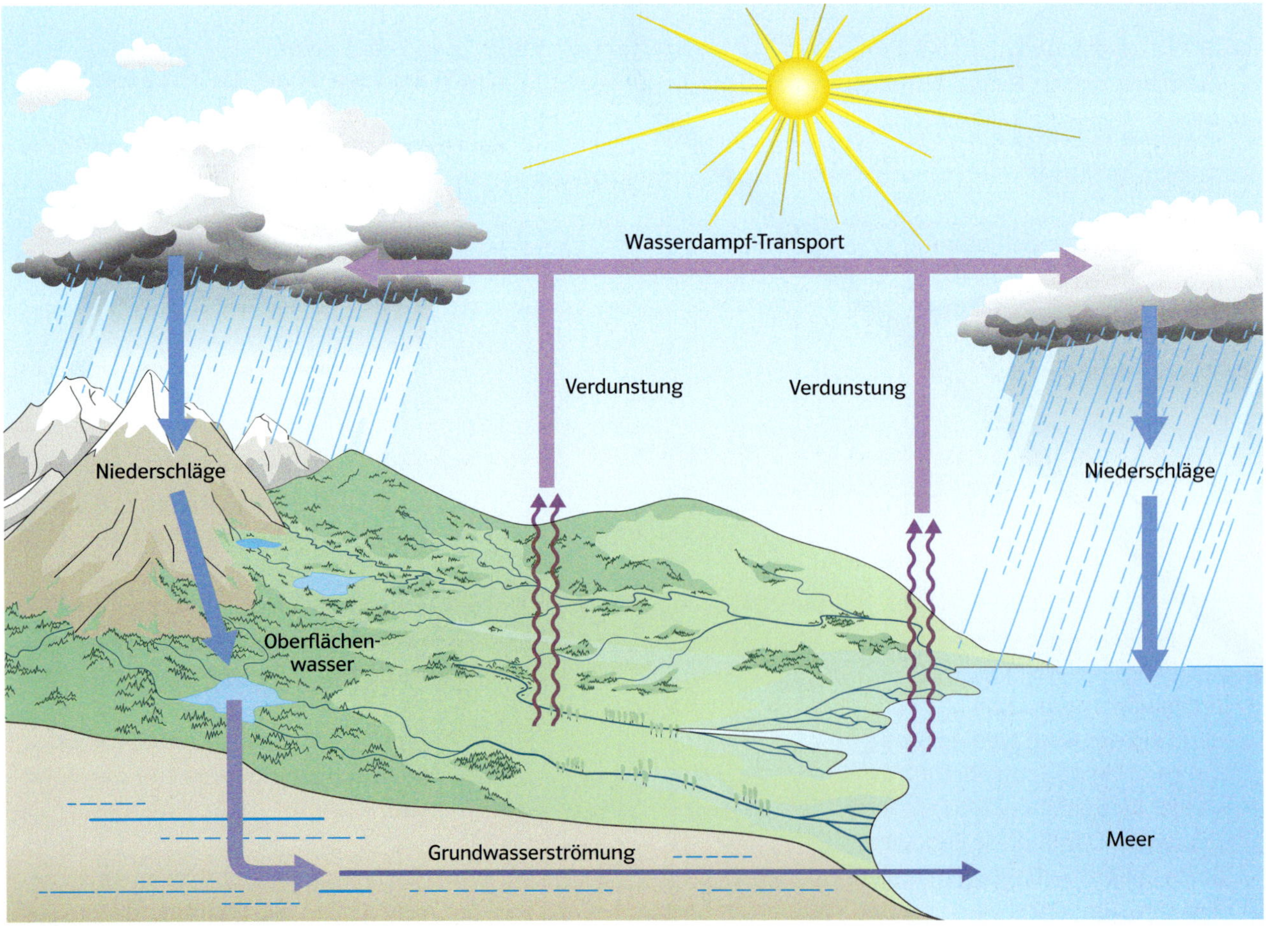

Wasserdampf-Transport

Verdunstung

Verdunstung

Niederschläge

Niederschläge

Oberflächen-
wasser

Meer

Grundwasserströmung

1 Wasser bewegt sich im Kreis.

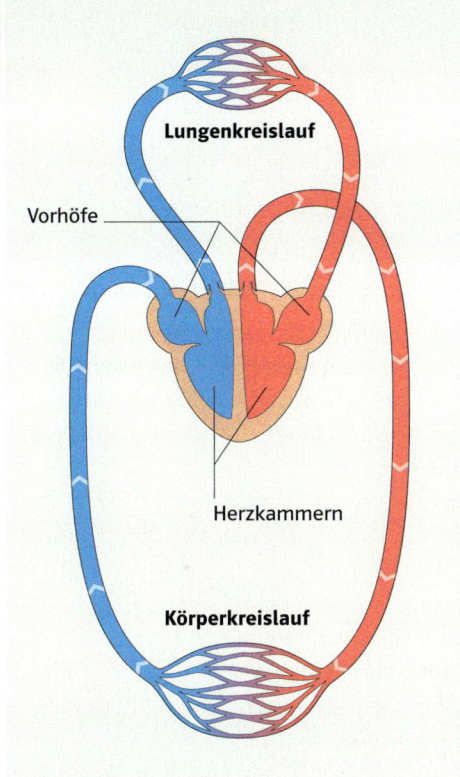

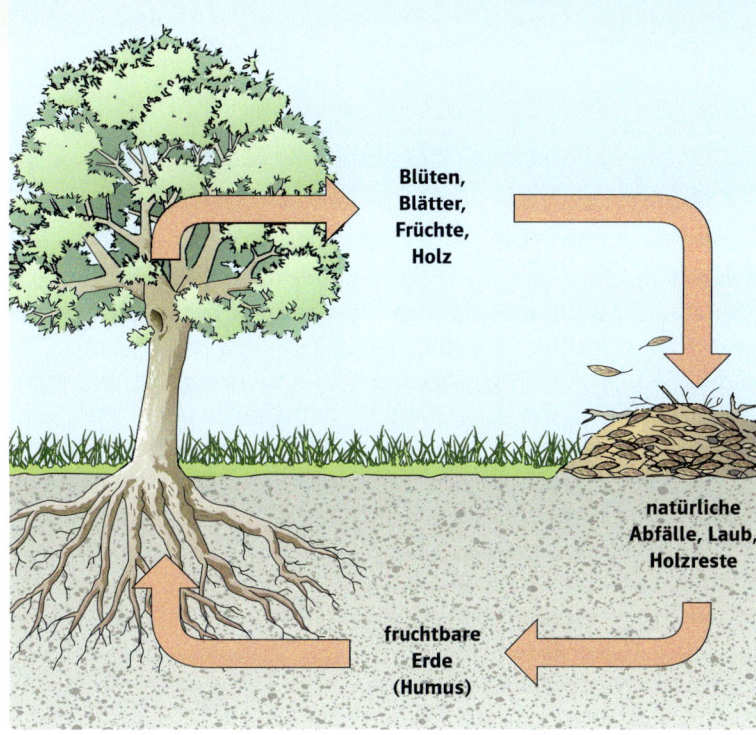

2 Der Blutkreislauf

3 Der Mineralstoffkreislauf

(▷ B 2). In den <u>Venen</u> fließt das Blut wieder zum Herzen zurück. Auf seinem Weg bringt das Blut lebensnotwendige Stoffe in die Zellen und transportiert nicht mehr benötig-
35 te Stoffe ab.

Die durchschnittliche Blutmenge eines Erwachsenen beträgt etwa 5 Liter. Diese Flüssigkeitsmenge wird vom Herzen, das als Pumpe arbeitet, ständig in einem doppelten,
40 geschlossenen Kreislauf bewegt.

Der Mineralstoffkreislauf

In deiner Umgebung findest du weitere Beispiele für Kreisläufe. Auf dem Kompost

verrotten Pflanzenteile und Gartenabfälle zu
45 fruchtbarer Erde, dem <u>Humus</u> (▷ B 3). Bringt man Humus auf Beeten aus, können Pflanzen daraus wieder Mineralstoffe für ihr Wachstum entnehmen. Stirbt die Pflanze ab, so entsteht wieder fruchtbarer Humus.
50 (► Stoffe und Teilchen, S.102/103)

Der Wasserkreislauf führt von der Erdoberfläche über die Atmosphäre zur Erdoberfläche zurück.

In der Natur gibt es viele Stoffkreisläufe.
55 **Auch Blut und Mineralstoffe bewegen sich in einem Kreislauf.**

<u>Venen</u>
Adern

<u>Humus</u>
Bestandteil des Erdbodens

Aufgaben

○ **1** Beschreibe den Wasserkreislauf mit eigenen Worten. Nutze dafür Bild 1. (💡 S.118)

○ **2** Benenne die „Pumpe", die den Wasserkreislauf in Gang hält. (💡 S.118)

◐ **3** Gib an, wo festes, flüssiges und gasförmiges Wasser im Wasserkreislauf auftritt.

◐ **4** Wasser verdunstet, versickert oder fließt ab. Es verschwindet dabei aber nicht. Erkläre dies.

● **5** Vergleiche die im Text be-
LS schriebenen Kreisläufe. Stelle Gemeinsamkeiten und Unterschiede in einer Tabelle dar.

Reinigung von Schmutzwasser

1 Reinigung in Stufen

Material

Schutzbrille, 2 Bechergläser, Erlen-meyerkolben, Trichter, Glasstab, Spatellöffel, Pinzette, Filterpapier, Gartenerde, Sand, Speisesalz, Tinte, Wasser

Versuchsanleitung

a) Stelle Schmutzwasser her. Fülle dazu das Becherglas zu zwei Dritteln mit Wasser. Gib etwas Speisesalz, Gartenerde, Sand und Tinte in das Wasser. Verrühre dieses Schmutzwasser gründlich.

b) Lass das Schmutzwasser drei Minuten ruhig stehen. Beobachte.

c) Gieße anschließend die Flüssig-keit, die über dem Bodensatz steht, in das zweite Becherglas (▷ B 1). Hole mit der Pinzette grobe Be-standteile heraus, die noch in der Flüssigkeit schwimmen.

d) Filtriere nun die noch im Wasser enthaltenen ungelösten Stoffe heraus. Gieße dazu das verschmutz-te Wasser durch einen Filter in den Erlenmeyerkolben (▷ B 2).

1 Dekantieren

Aufgabe

1. Gib für jeden Schritt des Versu-ches an, welcher Stufe einer Klär-anlage dieser Schritt entspricht.

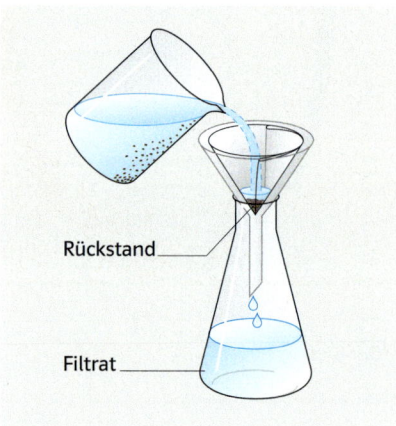

Rückstand

Filtrat

2 Filtrieren

2 Reinigung in der Natur

Material

Schutzbrille, Stativ, 2 Doppelmuf-fen, 2 Universalklemmen, PET-Flasche, 2 Bechergläser (400 ml), Gaze (dünner Stoff), Gummiband, Schere, Sand, grober und feiner Kies, Schmutzwasser wie in Versuch 1

Versuchsanleitung

a) Schneide den Boden der PET-Flasche ab. (Achtung, dabei ent-steht eine scharfe Kante!) Spanne Gaze über die Flaschenöffnung.

b) Befestige die Flasche am Stativ. Befülle die Flasche mit grobem Kies, feinem Kies, Sand und noch einmal mit grobem Kies (▷ B 3).

c) Stelle Schmutzwasser wie in Versuch 1 beschrieben her.

d) Schütte das Schmutzwasser in die Flasche. Nach etwa einer halben Stunde sollte das Filtrat aus der Flasche gelaufen sein.

e) Betrachte das durchgeflossene Filtrat. (Das Filtrat darf nicht pro-biert werden!) Vergleiche das Filtrat mit dem Schmutzwasser.

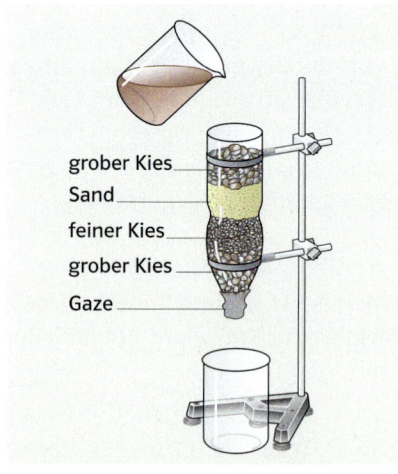

grober Kies
Sand
feiner Kies
grober Kies
Gaze

3 Gesteinsschichten reinigen Wasser.

Aufgaben

1 Nenne einen Stoff, der durch die Versuche nicht aus dem Schmutzwasser entfernt wurde. (💡 S. 118)

2 Beschreibe Vorgänge im Alltag, bei denen filtriert wird.

3 Stelle Vermutungen auf, wie sich die Experimente auf Vor-gänge in der Natur übertra-gen lassen.

Gefahr für das Wasser

v6gw33

1 Der blaue Planet

2 Bewässerung in der Landwirtschaft

3 Gülle wird auf einem Feld verteilt.

Wasser – Quell des Lebens

Die Erde wird auch „blauer Planet" genannt (▷ B 1). Denn 71 % der Erdoberfläche sind mit Wasser bedeckt. Nur etwa 3 % der Wasservor-
5 räte bestehen aus Süßwasser. Wasser ist unsere Lebensgrundlage. In Deutschland wird der größte Teil des Trinkwassers aus Quellwasser und Grundwasser gewonnen. Für die Wasserversorgung sind bei uns die Wasser-
10 werke zuständig. Sie gewinnen das Wasser, bereiten es auf, speichern es und verteilen es. Heute sind unsere Wasservorräte aus verschiedenen Gründen bedroht.

Steigender Wasserverbrauch

15 Die Weltbevölkerung wächst und damit auch der Wasserverbrauch. Besonders die Herstellung vieler Produkte benötigt große Mengen an Wasser. So braucht man z. B. für die Herstellung einer Jeanshose
20 etwa 6 000 Liter Wasser und für eine Kunststofftüte 10 bis 20 Liter. Ein weiterer

Grund für den steigenden Wasserverbrauch sind die immer größeren landwirtschaftlich genutzten Flächen, die bewässert werden
25 (▷ B 2).

Gefährdung des Grundwassers

Belastete Industrieabwässer oder Rückstände aus der Landwirtschaft können in das Grundwasser einsickern (▷ B 3). Ein einziger
30 Liter Heizöl kann etwa eine Million Liter Wasser verunreinigen. Nitrat-Rückstände aus der Landwirtschaft sind vor allem für kleine Kinder schädlich.

Wo viele Menschen zusammenleben, ge-
35 langen auch andere Stoffe ins Grundwasser. So werden im Grundwasser von Großstädten Süßstoffe und Rückstände von Medikamenten gefunden.

Wasser ist unsere Lebensgrundlage. Die
40 **Wasservorräte sind heute aus verschiedenen Gründen bedroht.**

Aufgaben

1 Beschreibe Ursachen für den steigenden Wasserverbrauch. (💡 S. 118)

2 Nenne je 3 Gefährdungen für das Grundwasser, die von Industrie, Landwirtschaft und vom Menschen ausgehen.

3 Recherchiere und erkläre, warum zu viel Nitrat im Trinkwasser für kleine Kinder eine Gefahr darstellt. (► S. 112)

Eigenschaften des Wassers

Wasser erstarrt bei 0 °C und siedet bei 100 °C. Salzwasser leitet den elektrischen Strom. Reines Wasser ist dagegen ein Nicht-
5 leiter. Zum Nachweis von Wasser wird Watesmo-Papier verwendet. Es verfärbt sich mit Wasser blau.

Wasserkreislauf

Der Wasserkreislauf führt von der Erdober-
10 fläche über die Atmosphäre zur Erdober-fläche zurück. Diesen weltweiten Wasser-transport nennt man Wasserkreislauf.

Trinkwasser

Trinkwasser wird von den Wasserwerken
15 zur Verfügung gestellt. Diese gewinnen das Wasser, bereiten es auf, speichern und ver-teilen es.

Kläranlage

Eine Kläranlage reinigt Abwässer in einer
20 mechanischen und einer biologischen Rei-nigungsstufe. Viele Kläranlagen verfügen auch über eine chemische Reinigungsstufe. Das gereinigte Abwasser gelangt über Bäche und Flüsse wieder in den natürlichen
25 Wasserkreislauf.

Süßwasser und Salzwasser

Reines Süßwasser ist ein Reinstoff, Salzwas-ser dagegen ist eine Lösung und hat andere Eigenschaften als Süßwasser. So gefriert
30 Salzwasser erst bei einer Temperatur unter 0 °C. Dies nutzt man im Winter, um vereiste Straßen mit Streusalz aufzutauen.

Wasserverschmutzung

Wasser, das wir in den Ausguss oder in die
35 Toilette schütten, wird zu Abwasser. Auch bei der Herstellung von Produkten in der Indust-rie entsteht viel Abwasser. Abwasser kann in einer Kläranlage gereinigt werden. Viele Stof-fe kann eine Kläranlage jedoch nicht entfer-
40 nen. So kann man im Grundwasser von Städ-ten Rückstände von Medikamenten finden. Auch Rückstände aus der Landwirtschaft wie z. B. Gülle gelangen in das Grundwasser und können es verschmutzen.

45 ## Weltweiter Wasserverbrauch

Durch die wachsende Weltbevölkerung steigt auch der Wasserverbrauch. Viele Produkte brauchen bei ihrer Herstellung sehr viel Was-ser. Für die Herstellung einer Jeanshose wer-
50 den z. B. 6000 Liter Wasser benötigt. Auch die Landwirtschaft benötigt große Mengen an Wasser für den Anbau von Obst und Gemüse.

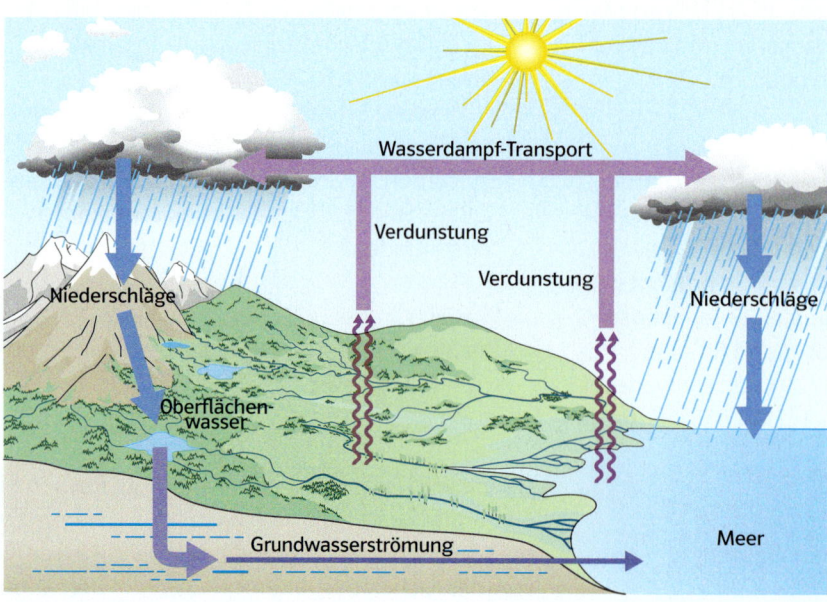

1 Wasser bewegt sich im Kreis.

1 Im Regenwald ist die Luft feucht.

1 Bilde aus den folgenden Bruchstücken einen zentralen Begriff dieses Kapitels: eis – Was – lauf – kr – ser
► S. 76/77

2 Benenne festes und gasförmiges Wasser mit passenden Begriffen.
► S. 68, 76/77

3 Trinkwasser wird von den Wasserwerken zur Verfügung gestellt. Nenne die Aufgaben eines Wasserwerkes.
► S. 70/71, 79

4 Nenne unterschiedliche Arten von Wasser, aus denen in Deutschland Trinkwasser gewonnen wird.
► S. 70/71

5 Bei einer Reaktion entstehen einige Tropfen einer farblosen Flüssigkeit. Wie findest du heraus, ob es es sich um Wasser handelt? Beschreibe.
► S. 68

6 Übertrage den folgenden Text in dein Heft und ergänze die fehlenden Wörter:
Von den Ozeanen, den Flüssen und den Seen _____ durch die Sonnenenergie ständig ein Teil des Wassers zu _____. Weil dieser leichter ist als Luft, steigt er nach oben in die _____. Dort ist es kälter als auf der Erde, deshalb kühlt der Wasserdampf ab und _____. Dabei entstehen Wolken. Wenn die Wolken mit Wasser gesättigt sind, kommt es zu _____: Das Wasser fällt zur Erde zurück.
► S. 76/77

7 Erkläre, warum wir nur einen sehr kleinen Teil des Weltwassers als Trinkwasser nutzen können.
► S. 72

8 Trinkwasser ist sehr sauberes Wasser, aber Trinkwasser ist kein Reinstoff. Erkläre diese Aussage.
► S. 68

9 Sind folgende Aussagen richtig oder falsch? Begründe deine Antworten.
a) Ohne Sonne entstehen keine Wolken.
b) Nebel enthält Wassertröpfchen.
c) Regenwasser ist ein Reinstoff.
d) Die Luft im Regenwald enthält mehr Wasser als die Luft in der Arktis.
► S. 72, 76/77

10 Beschreibe und erkläre die Flockungsfiltration.
► S. 74/75

5 Brände und Brandbekämpfung

Warum nutzen wir Feuer
zum Backen?

Warum wird die Kerze kleiner,
wenn sie verbrennt?

Ein Haus brennt! Schreibe einen Zeitungsbericht darüber.

Was ist der Unterschied zwischen einem Feuer und einem Brand?

Wie löscht die Feuerwehr große Brände?

g6g8q2

Feuer – nützlich und gefährlich

1 Feuer können schön und nützlich …

2 … oder gefährlich sein.

Nützliche Feuer

Die Geschichte der Menschheit ist eng mit der Beherrschung des Feuers verknüpft. Funde belegen, dass es bereits vor etwa

5 1,6 Millionen Jahren Lagerfeuer gab. Der frühgeschichtliche Mensch nutzte das Feuer in vierfacher Hinsicht: als Wärmequelle, als Lichtquelle, zum Braten von Fleisch und zum Schutz vor wilden Tieren.

10 Bis auf den Schutz vor wilden Tieren kennen wir diesen Nutzen von Feuer auch in unserer Zeit. Wir machen Lagerfeuer, Heizen mit Holz und braten im Sommer Fleisch und Gemüse auf dem Grill.

15 Gefährliche Feuer

Alle diese Beispiele sind erwünschte **Verbrennungen**, die von uns Menschen genutzt werden. Es besteht jedoch immer die Gefahr, dass aus einem Feuer ein **Brand** wird.

20 Ein Brand ist ein Feuer, das außer Kontrolle gerät und Schaden anrichtet. Bei einem Hausbrand werden unzählige Dinge zerstört, die sich im Haus befinden. Vielleicht brennt sogar das ganze Haus ab. Aber auch die Be-

25 wohner des Hauses sind gefährdet. Oft erleiden sie Verbrennungen und Rauchvergiftungen. Ein Brand ist deshalb immer eine unerwünschte Verbrennung.

Erwünschte Verbrennungen werden von

30 **Menschen kontrolliert und genutzt. Unerwünschte Verbrennungen sind Brände und richten Schaden an.**

Aufgaben

○ 1 Zähle auf, wozu der frühgeschichtliche Mensch das Feuer genutzt hat und wozu man Feuer heute nutzt. (💡 S. 118)

○ 2 Nenne Gefahren, die von einem Brand ausgehen können. (💡 S. 118)

◔ 3 Vergleiche Bild 1 und 2. Nutze
LS dazu auch den Text. Schreibe deine Ergebnisse auf.

● 4 Stellt in der Klasse Vermutungen an, wie die frühgeschichtlichen Menschen an ihr erstes Feuer gekommen sind. Diskutiert sie.

Holz verkohlen wie seit 2 000 Jahren

Holzkohle

Wenn man Holz bei geringer Luftzufuhr erhitzt, verbrennen nur einige Bestandteile des
Holzes. Zurück bleibt Holzkohle. Holzkohle
5 kennst du vom Grillen. Sie hat im Vergleich
zu Holz einige Vorteile: Sie lässt sich leichter
entzünden, verbrennt ohne Flamme und
erzeugt höhere Temperaturen.

Der Beruf des Köhlers

10 In früheren Zeiten war der Köhler für die
Herstellung der begehrten Holzkohle
zuständig. Die Herstellung fand im Wald
statt, wo ausreichend Holz zur Verfügung
stand. Der Ort musste windgeschützt sein
15 und an einem Bach liegen. Dort baute
der Köhler sorgfältig und nach genauem
Plan seinen Meiler auf.

Aufbau eines Meilers

Den Aufbau eines Meilers siehst du in der Ab-
20 bildung unten. Nachdem der Köhler die Hölzer aufgeschichtet und luftdicht abgedeckt
hatte, entzündete er den Meiler in der Mitte.

Verkohlung

Der Köhler musste den Meiler nach dem
25 Anzünden Tag und Nacht kontrollieren.
Schließlich durfte der Meiler weder erlöschen
noch vollständig in Flammen aufgehen. Der
Verkohlungsprozess des Holzes sollte gleichmäßig erfolgen. Dies dauerte in der Regel
30 6 – 8 Tage, konnte aber auch bei großen Mei-
lern mehrere Wochen in Anspruch nehmen.
War der Verkohlungsprozess beendet, wurde
die Holzkohle mit Wasser abgekühlt und in
Säcke verpackt.

begehrt
beliebt, gefragt

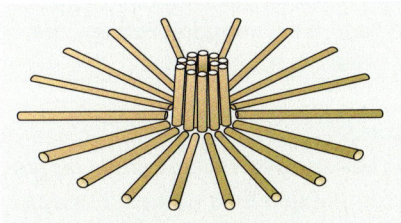

Auf der Kohlenplatte werden die Hölzer
um den Schacht gesetzt.

Zuerst wird die Ebene, die Kohlenplatte, hergestellt.
In der Mitte entsteht ein Schacht.

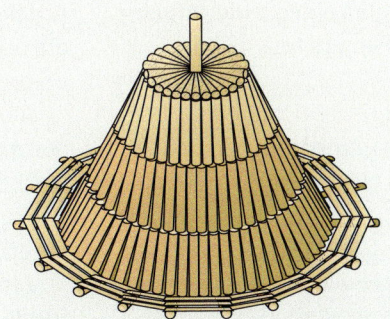

Der Holzstapel besteht aus drei bis
vier Lagen stehender Hölzer. In den
Schacht wird der Füllstamm gestellt.

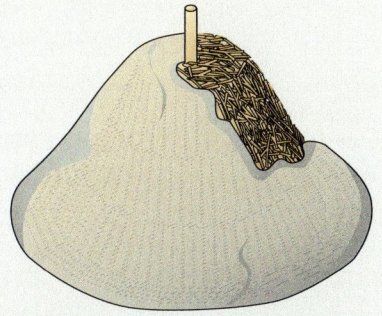

Der Meiler wird mit feuchtem Gras
und feuchter Erde luftdicht abgedeckt.
Der Meiler wird im Schacht gezündet.

1 Aufbau eines Meilers

Aufgaben

1 Beschreibe mithilfe der Ab-
LS bildungen und dem Text, wie
ein Meiler aufgebaut und genutzt wird.

2 Stelle Vermutungen an,
weshalb der Meiler an
einem windgeschützten und
wassernahen Platz stehen
musste.

3 Sammle Informationen über
die soziale Stellung eines
Köhlers und informiere dich
über die Nutzung von Kohle
zu dieser Zeit.

Bedingungen für eine Verbrennung

1 Lagerfeuer

2 Was zündet zuerst?

Aufbau eines Lagerfeuers

Um ein Lagerfeuer (▷ B 1) zu machen, brauchst du eine geeignete Feuerstelle und einen ausreichend trockenen Brennstoff. Ein
5 Lagerfeuer brennt am besten, wenn du es schichtweise aufbaust: Lege zuerst etwas zer-knülltes Papier in die Mitte der Feuerstelle. Bedecke das Papier locker mit dünnen Ästen. Nun kannst du dickere Äste pyramidenförmig
10 darauf legen. Lass dabei eine kleine Öffnung zum Anzünden des Papiers frei.

Augen auf am Lagerfeuer

Ein Lagerfeuer muss immer unter Beobachtung sein. Brennt es nicht richtig, musst du

15 Luft zuführen. Meistens pustet man dazu in die Glut, bis sich wieder Flammen bilden. Aber auch wenn das Lagerfeuer gut brennt, musst du aufpassen. Damit das Feuer nicht ausgeht, solltest du von Zeit zu Zeit Holz nachlegen.
20 Achte dabei auf die glühenden Funken, die vom Lagerfeuer hochfliegen.

Bedingungen für eine Verbrennung

Am Beispiel eines Lagerfeuers kannst du gut die drei Bedingungen für eine Verbrennung
25 erkennen (▷ B 3):

Als Erstes braucht man für eine Verbrennung einen **Brennstoff**. Im Falle des Lagerfeuers sind die brennbaren Stoffe Papier und Holz. Bei einer Kerze ist der brenn-
30 bare Stoff das Kerzenwachs.

Als Zweites muss der brennbare Stoff entzündet werden. Dazu muss der Stoff so hoch erhitzt werden, dass seine **Entzündungstemperatur** erreicht wird. Bei Papier geht das
35 mit einem Streichholz. Das brennende Papier erzeugt dann genügend Wärme, um kleine Äste zu entzünden. Schließlich entsteht so viel Hitze, dass auch die Entzündungstemperatur größerer Äste erreicht wird.
40 Als Drittes muss ausreichend Luft und damit auch **Sauerstoff** vorhanden sein. Deshalb wird ein Lagerfeuer locker aufgeschichtet. Kommt das Feuer trotzdem nicht richtig in Gang, kann man z. B. durch Pusten Luft zuführen.

zerknüllt
zu einer Kugel zusammengedrückt

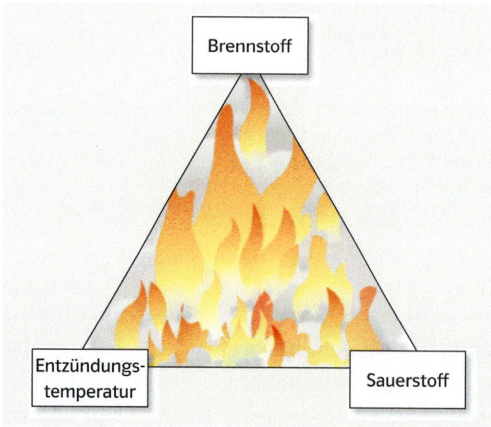

Brennstoff

Entzündungstemperatur

Sauerstoff

3 Das Verbrennungsdreieck zeigt die Bedingungen für eine Verbrennung.

4 glimmender Holzklotz

5 brennende Holzspäne

6 Holzstaubexplosion

niedrig   mittel   hoch   Zerteilungsgrad

2 cm

1 cm

0,5 cm

Oberfläche: 24 cm²
Volumen: 8 cm³

Oberfläche: 48 cm²
Volumen: 8 cm³

Oberfläche: 96 cm²
Volumen: 8 cm³

7 Mit zunehmendem Zerteilungsgrad läuft die Verbrennung heftiger ab.

Zerteilungsgrad und Verbrennung

Kleine Äste brennen schneller als große Äste. Holzstaub kann sogar explosionsartig verbrennen (▷ B 6). Je stärker ein brennbarer Stoff zerteilt ist, desto schneller und heftiger verbrennt er.

Die Bedingungen für eine Verbrennung sind erfüllt, wenn ein Brennstoff vorliegt, seine Entzündungstemperatur erreicht wird und genügend Sauerstoff vorhanden ist.

Je größer der Zerteilungsgrad eines brennbaren Stoffes ist, desto heftiger verbrennt er.

explosionsartig
sehr plötzlich, wie bei einer Explosion

Aufgaben

○ 1 Nenne die drei Bedingungen für eine Verbrennung.
(💡 S. 119)

○ 2 Zähle mindestens fünf brennbare Stoffe auf.
(💡 S. 119)

○ 3 Ordne die Bilder 4, 5 und 6 den jeweiligen Würfeloberflächen in Abbildung 7 zu.
(💡 S. 119)

◑ 4 Erläutere in ganzen Sätzen, was du beim Aufschichten eines Lagerfeuers beachten musst. Nutze die Fachbegriffe: Zerteilungsgrad, Brennstoff, Luft.

◑ 5 Erkläre am Beispiel eines Gasbrenners die Bedingungen für eine Verbrennung.

● 6 Diskutiert im Team, ob man den Zerteilungsgrad auch zu den Bedingungen für eine Verbrennung zählen sollte.

Versuch

🧪 1 Man erhitzt im Abzug mit der Brennerflamme von unten eine Metallplatte, auf der ein Stück Pappe, ein Holzklotz, ein Stück Kohle und Streichhölzer liegen (▷ B 2).

g6g8q2

Brandbekämpfung

Es ist nützlich zu wissen, wie man ein Feuer macht. Ebenso wichtig ist es aber zu wissen, wie man ein Feuer löscht. Die Vorgehensweise ist ganz einfach: Entziehe dem Feuer eine der drei Bedingungen, die für eine Verbrennung notwendig sind, dann erlischt das Feuer.

Entzug des brennbaren Stoffes

Die erste Bedingung für eine Verbrennung ist das Vorliegen eines brennbaren Stoffes. Bei einem Brand sollten also alle brennbaren Stoffe, die in der Nähe sind, entfernt werden. Im Wald werden aus diesem Grund **Schneisen** angelegt. Eine Schneise ist ein baumfreier Streifen im Wald (▷ B 2). Die Schneisen verhindern bei einem Waldbrand, dass das Feuer auf das nächste Waldstück übergreift. Denn an der Schneise fehlt dem Feuer der brennbare Stoff, um weiterzubrennen.

Abkühlen unter die Entzündungstemperatur

Die zweite Bedingung für eine Verbrennung ist das Erreichen der Entzündungstemperatur des brennbaren Stoffes. Durch das Löschmittel **Wasser** wird die Temperatur gesenkt. Sobald die Temperatur unter die Entzündungstemperatur des brennbaren Stoffes fällt, erlischt das Feuer (▷ B 3).

Unterbrechen der Luftzufuhr

Die dritte Bedingung für eine Verbrennung ist die Anwesenheit von Sauerstoff in der Luft. Nimmt man dem Feuer die Luft, so muss es ausgehen. Dies geschieht beispielsweise durch Feuerlöscher, die **Kohlenstoffdioxid**, **Pulver** oder **Schaum** enthalten (▷ B 1). Durch diese Stoffe wird das Feuer erstickt.

Aber auch das Löschmittel Wasser kann die Luftzufuhr unterbrechen. Wenn das Wasser auf das heiße Feuer trifft, verdampft es. Der Wasserdampf verdrängt die Luft um das Feuer, und das Feuer erlischt.

Vorsicht bei Benzin und Fett

Nicht jeder Brand ist einfach zu löschen. Einen **Benzinbrand** kann man nicht mit Wasser löschen. Das brennende Benzin würde auf dem Wasser schwimmen und weiterbrennen. Daher wird ein solcher Brand mit Kohlenstoffdioxid oder Schaum bekämpft.

Auch einen **Fettbrand** im Kochtopf darf man auf keinen Fall mit Wasser löschen. Schon kleinste Mengen an Wasser würden im heißen Öl schlagartig verdampfen und brennendes Öl mit sich reißen. Es würde sich eine enorme Stichflamme bilden, die zu lebensgefährlichen Verbrennungen führen kann. Daher löscht man einen Fettbrand am

entziehen
weg nehmen

Luftzufuhr
Zugabe von Luft

1 Ersticken mit Schaum

2 Entzug des brennbaren Stoffes durch eine Schneise

3 Löschen mit Wasser

Brandklasse	Symbol	Brandstoff	Löschart
A	Brennende Holzstücke	Feststoffe	– Wasserlöscher – ABC-Pulverlöscher – Schaumlöscher
B	Brennender Benzinkanister	Flüssigkeiten oder flüssig werdende Stoffe	– ABC- und BC-Pulverlöscher – Kohlenstoffdioxid-Löscher – Schaumlöscher
C	Flamme am Brenner eines Gasherdes	Gase	– ABC- und BC-Pulverlöscher – Kohlenstoffdioxid-Löscher
D	Brennendes Zahnrad	Metalle	– Pulverlöscher für Metallbrände – Löschsand
F	Brennendes Speisefett	Speisefette, Speiseöle	– Topfdeckel – Fettbrandlöscher mit Speziallösch-mittel

4 Symbole der Brandklassen

besten, indem man einen großen Topfdeckel über das brennende Fett legt und den Brand so erstickt. (► Chemische Reaktion/Energie, S. 106/107)

60 **Brandklassen**
Nicht jedes Löschmittel ist für jeden Brand geeignet. Deshalb hat man die brennbaren Stoffe in Brandklassen eingeteilt.
In der Brandklasse A sind feste Stoffe
65 zusammengefasst. Die Brandklasse B enthält flüssige oder flüssig werdende Stoffe.

Die Brandklasse C betrifft Brände von Gasen. Zur Brandklasse D gehören die Brände von Metallen. Brandklasse F betrifft die Fett-
70 brände (▷ B 4).

Brandbekämpfung erfolgt mit dem Wissen über die drei Bedingungen für eine Verbrennung:
– **Entfernen des brennbaren Stoffes,**
75 – **Abkühlen unter die Entzündungs-temperatur,**
– **Unterbrechen der Luftzufuhr.**

Aufgaben
○ 1 Beschreibe die drei möglichen Vorgehensweisen bei der Brandbekämpfung in eigenen Worten. (💡 S. 119)

○ 2 Ordne den Brandklassen A und B passende Stoffe zu. (💡 S. 119)

◔ 3 Befragt einen Experten zum Thema Wohnungsbrand. (► S. 113) Erstellt ein Plakat mit den Ergebnissen. (► S. 114)

◔ 4 Recherchiere in verschiede-
LS nen Quellen, welche Löschstrategien es gibt. (► S. 112)

● 5 Begründe, weshalb die in Bild 2 gezeigte Schneise durch den Wald so breit ist.

g6g8q2

Die Feuerwehr im Einsatz

Um ein Feuer zu löschen, muss man ihm eine der drei Bedingungen für eine Verbrennung entziehen. Die Einsatzfahrzeuge der Feuerwehr sind deshalb zur **Brandbekämpfung** mit verschiedenen Löschmitteln und technischen Geräten ausgerüstet.

A Der **Dachkasten** enthält Geräte wie Feuerpatschen, Schaufeln oder Einreißhaken, mit denen einem Feuer der Brennstoff entzogen werden kann.

B Die **mehrteilige Schiebeleiter** dient dazu, Brände in größerer Höhe zu bekämpfen.

C **Pumpenbedienstand** zur Steuerung der Pumpen

D Der **Pumpeneingang** ermöglicht das Einleiten von Wasser z. B. aus einem Hydranten.

E Löschschläuche werden an **Schlauchanschlüssen** mit der Löschwasserpumpe verbunden. Bei Bedarf wird dem Löschwasser Schaummittel zugesetzt.

H **technische Geräte** für Einsätze z. B. bei Unfällen oder Unwettern

F Löschschläuche können an den **Löschwassertank** des Fahrzeugs angeschlossen werden. Dieser liefert einen Wasservorrat zum sofortigen Löschen.

G **Löschschläuche** in verschiedenen Größen

Verteiler teilen das Löschwasser auf mehrere Schläuche auf.

K Der **Dachmonitor** ist eine Wasserspritze mit verstellbarer Düse, die sowohl einen Wasserstrahl als auch einen Sprühnebel erzeugen kann.

Löschen mit Wasser
Das Löschmittel Wasser kühlt die Temperatur unter die Entzündungstemperatur des Brennstoffs. Zusätzlich kann das Wasser auch die Luftzufuhr unterbrechen.

Handfeuerlöscher dienen dazu, kleinere Brände zu löschen.

Löschen mit Schaum
Das Löschmittel Schaum unterbricht die Luftzufuhr. Ohne Luft erstickt das Feuer schnell.

I Der spritzwassergeschützte **Stromerzeuger** liefert Strom für elektrische Hilfsmittel wie Scheinwerfer, Motorsägen oder Belüftungsgeräte.

In einem Einsatzfahrzeug der Feuerwehr gibt es viele technische Geräte und Löschmittel. Je nach Art des Brandes werden andere Löschmittel eingesetzt.

Aufgaben

1 Beschreibe, wie die abgebildeten Gerätschaften beim Feuerlöschen eingesetzt werden. (💡 S.119)

2 Stelle einer Partnerin oder einem Partner zwei Fragen zum Text, die er beantworten soll. Beantworte danach seine zwei Fragen.

3 Begründe, weshalb Feuerwehrleute ein chemisches Grundwissen besitzen müssen.

g6g8q2

Material 1

Brennstoffe und Feuer im Alltag

Wusstest du schon, dass...

...
Brennstoffe alle Stoffe sind, die gezielt verbrannt werden, um die darin gespeicherte Energie zu nutzen?

...
Urzeit-Menschen schon vor etwa 1,6 Millionen Jahren Feuer machen konnten?

...
ein Brand ein Feuer ist, das außer Kontrolle geraten ist?

...
bei einem Feuer viel Wärme und Licht frei wird?

...
man die Brennstoffe in ihre Aggregatzustände einteilen kann, z. B. Holz – fest, Benzin – flüssig und Erdgas – gasförmig?

...
es auch viele nicht brennbare Stoffe wie Salz, Steine oder Glas gibt?

Material 2

Fossile und regenerative Brennstoffe

Zu den **fossilen** Brennstoffen zählen vor allem Kohle, Erdöl und Erdgas. Fossile Brennstoffe sind vor mehreren Millionen Jahren entstanden. Man findet sie unter der Erdoberfläche. Um sie zu verwenden, muss man sie aus der Erde holen und dann weiter verarbeiten. In den fossilen Brennstoffen ist sehr viel Energie gespeichert. Diese Energie kann man beim Verbrennen nutzen, um beispielsweise Strom zu erzeugen. Dabei entsteht aber klimaschädliches Kohlenstoffdioxid. Außerdem sind die Vorräte an fossilen Brennstoffen begrenzt. Sie sind nicht erneuerbar und werden in den nächsten Jahrzehnten immer knapper.

Zu den **regenerativen** Brennstoffen gehören unter anderem Holz, Bioethanol und Biogas. Holz von Bäumen kann direkt verwendet oder zu Pellets gepresst werden. Bioethanol und Biogas werden vor allem aus Pflanzen (beispielsweise Mais und Zuckerrohr) oder biologischen Abfällen erzeugt. Die Nutzung großer Flächen für den Anbau der Pflanzen ist allerdings problematisch, da diese Flächen für den Anbau von Nahrungsmitteln wegfallen.
Da Pflanzen immer wieder neu wachsen, werden die regenerativen Brennstoffe auch als nachwachsende Rohstoffe bezeichnet. Sie stehen immer wieder neu zur Verfügung. Die dadurch immer wieder nutzbare Energie wird auch als erneuerbare Energie bezeichnet.

Ein Haus brennt

Material 3

Notruf 112

– Wo brennt es?
– Was brennt?
– Gibt es Verletzte?
– Welcher Art sind die Verletzungen?
– Wer ruft an?
– Warten auf Rückfragen!

In Deutschland gibt es jedes Jahr fast 200 000 Brände mit über 350 Todesopfern. Ein Teil davon sind Brände in Wohnhäusern. Daher sind Rauchmelder in allen Häusern in Deutschland Pflicht. Ein Brand kann einen jederzeit treffen. Deshalb solltest du wissen, wie man einen Brand bei der Feuerwehr meldet.

Die größte Brandgefahr geht im Haushalt von defekten Elektrogeräten aus. Sie können einen Brand auslösen, ohne dass sich eine Person falsch verhält. Aber auch funktionierende elektrische Geräte wie Herd, Ofen oder Bügeleisen können Brände verursachen. Du musst immer aufpassen, wenn du etwas erhitzt oder eine Kerze anzündest.
Einen kleinen Brand kannst du alleine löschen. Wenn der Brand sich ausgebreitet hat, musst du schnell handeln. Bei einem Wohnungsbrand bleibt dir nur wenig Zeit, um dich zu retten. Daher solltest du auf dem Weg nach draußen andere Bewohner alamieren, damit sie sich ebenfalls in Sicherheit bringen können. Dann musst du den Brand mit der Notrufnummer 112 der Feuerwehr melden. Bei dem Anruf solltest du versuchen, so ruhig und deutlich wie möglich zu sprechen. Du wirst von der Feuerwehr zum Brand befragt. Links siehst du, welche Fragen dir gestellt werden.

Aufgaben

1 Lies Material 1.
a) Notiere dir drei brennbare und drei nicht brennbare Stoffe. (💡 S. 119)
b) Erläutere den Unterschied zwischen einem Feuer und einem Brand. (💡 S. 119)
c) Beschreibe, wie die Erfindung des Feuers das Leben der Urzeit-Menschen verändert hat.

2 Lies Material 2.
a) Nenne drei fossile und drei regenerative Brennstoffe. (💡 S. 119)

b) Stelle die Vor- und Nachteile der regenerativen Brennstoffe im Vergleich zu den fossilen Brennstoffen in Form einer Tabelle dar.
c) Beim Neubau eines Hauses soll eine moderne Heizung eingebaut werden. Entscheide, welchen Brennstoff du dafür nutzen würdest. Begründe.

3 Lies Material 3.
a) Übe mit einem Partner oder Partnerin die Meldung eines Brandes. (💡 S. 119)

b) Stellt eine Liste von 15 Gegenständen in eurem Fachraum auf und bewertet ihre Brennbarkeit.
c) Erkläre, warum es in Deutschland Pflicht ist, Rauchmelder im Haus zu haben.

4 Sieh dir alle Materialien an.
a) Fasse die wichtigen Begriffe dieser Seite in einer Mind-Map zusammen. (► S.115)
b) Erstellt in einer Kleingruppe ein Plakat zum Thema „Feuer – nützlich und gefährlich". Präsentiert das Ergebnis vor der Klasse. (► S.114)

g6g8q2

Wir bauen einen Modellfeuerlöscher

Mit den folgenden Modellversuchen kannst du die Wirkung eines Feuerlöschers untersuchen.

1 Ein besonderes Löschmittel

Material

Schutzbrille, Teelicht, Streichhölzer, Becherglas, Messzylinder, Erlenmeyerkolben, 1 Päckchen Backpulver (Natriumhydrogencarbonat), verdünnte Essigessenz (5%ig)

Versuchsanleitung

a) Zünde das Teelicht an und stelle es in das Becherglas.

b) Gib den Inhalt eines Päckchens Backpulver in den Erlenmeyerkolben. Gieße 20 ml verdünnte Essigessenz auf das Backpulver und lasse das Gemisch einen Moment stehen. Im Erlenmeyerkolben bildet sich ein Gas.

c) Halte den Erlenmeyerkolben leicht gekippt über das Becherglas mit dem brennenden Teelicht (▷ B 1). Achte darauf, dass du keine Flüssigkeit mit ausgießt!

1 Ein unsichtbares Löschmittel

2 Bau eines Modellfeuerlöschers

Material

Schutzbrille, Teelicht, Streichhölzer, Messzylinder, Petrischale, Spritzflasche, 1 Päckchen Backpulver (Natriumhydrogencarbonat), verdünnte Essigessenz (5%ig), Spülmittel

Versuchsanleitung

a) Gib den Inhalt eines Päckchens Backpulver und ein bis zwei Spritzer Spülmittel in eine Spritzflasche.
b) Entzünde ein Teelicht und stelle es in eine Petrischale.
c) Gieße 20 ml verdünnte Essigessenz in die Spritzflasche, ver-

schließe die Spritzflasche dann möglichst schnell und versuche, mit dem austretenden Schaum das brennende Teelicht zu löschen (▷ B 2).

Aufgabe

1. Nenne drei Unterschiede zwischen dem selbst gebauten Modellfeuerlöscher und einem richtigen Feuerlöscher.

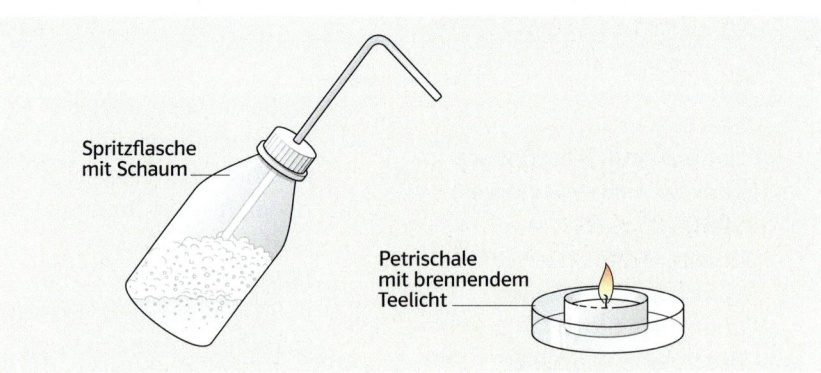

Spritzflasche mit Schaum

Petrischale mit brennendem Teelicht

2 Löschen mit dem Modellfeuerlöscher

Aufgaben

1 Vergleiche das Löschmittel aus Versuch 1 mit dem Löschmittel aus Versuch 2.
(💡 S. 119)

2 Erkläre mithilfe des Verbrennungsdreiecks, wie die in den Versuchen entstehenden Löschmittel einen Brand löschen.

3 Einige Brände müssen mit besonderen Feuerlöschern gelöscht werden. Stelle eine Vermutung an, bei welcher Art von Bränden dies der Fall ist.

Waldbrand

Ein Waldbrand entsteht

In heißen Sommermonaten, wenn es sehr trocken ist, ist die Gefahr von Waldbränden am größten. Sie breiten sich rasch aus und
5 müssen so schnell wie möglich bekämpft werden. Daher sollte ein Waldbrand sofort gemeldet werden. Nur wenige Waldbrände entstehen auf natürliche Weise, beispielsweise durch Blitzschlag. Etwa 95 % aller
10 Waldbrände werden durch Brandstiftung oder Unachtsamkeit verursacht.

Ausbreitung und Bekämpfung

Die erste Stufe eines Waldbrandes ist immer ein Bodenfeuer (▷ B 1). Das Bodenfeuer
15 lässt sich noch recht leicht bekämpfen.

Gefährlich wird es, wenn dieses Feuer bei trockenen Bäumen hoch in die Wipfel schlägt. Dann beginnt die zweite Stufe eines Waldbrandes: das Wipfelfeuer. Es ist sehr viel
20 schwerer zu bekämpfen. Man muss Löschflugzeuge und Löschhubschrauber einsetzen (▷ B 2). Wird das Wipfelfeuer nicht aufgehalten, kann es zur dritten Stufe eines Waldbrandes kommen, dem Totalbrand.
25 Zu einem schweren Waldbrand kam es im Sommer 2019 in Mecklenburg-Vorpommern bei Lübtheen. Die Menschen in vier Ortschaften mussten evakuiert werden. Erst nach über einer Woche gelang es der Feuerwehr
30 und anderen Helfern, den Brand zu löschen.

Wipfel
oberer Teil eines Baumes

evakuieren
einen Ort verlassen

1 Waldbrand

2 Löschflugzeug

Aufgaben

◔ **1** Erkläre, wie es zu einem Waldbrand kommen kann, und erkläre dessen Stufen.

◔ **2** Rauchen und offenes Feuer sind im Wald und bis 100 m vom Wald entfernt vom 1. März bis 31. Oktober verboten. Begründe diese Maßnahme.

● **3** Nutze die Informationen im
LS Text, um eine Mind-Map zum Thema Waldbrand zu erstellen. (▶ S.115)

Versuche zu Verbrennungen

1 Fernzündung

Material
Schutzbrille, Kerze, Streichhölzer

Versuchsanleitung
Entzünde die Kerze und lasse sie etwa 30 Sekunden brennen. Entzünde ein neues Streichholz. Puste nun die Kerzenflamme aus. Führe das brennende Streichholz langsam von oben in Richtung Docht (▷ B 1). Beobachte genau, wann sich die Kerze entzündet.

Aufgabe
1. Erläutere die Überschrift des Versuches „Fernzündung".

1 Wann zündet die Kerze?

2 Ein unsichtbarer Stoff brennt

Material
Schutzbrille, Kerze, Glasröhrchen, Reagenzglasklammer, Streichhölzer

Versuchsanleitung
Entzünde die Kerze und lasse sie etwa 30 Sekunden brennen. Halte mit der Reagenzglasklammer eine Öffnung des Glasröhrchens dicht über dem Docht in die Flamme. Entzünde ein Streichholz und halte es an die andere Öffnung des Glasröhrchens (▷ B 2).

Aufgabe
1. Erkläre, wie in diesem Versuch die Tochterflamme entsteht.

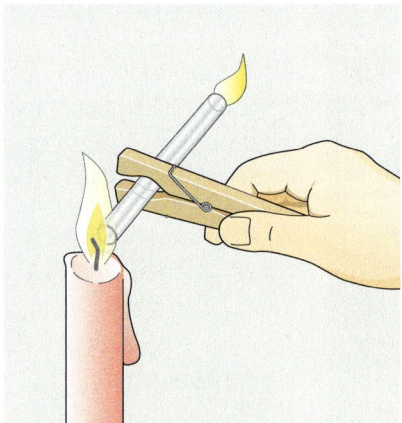

2 Flamme aus der Flamme

3 Kerze unter Verschluss

Material
Schutzbrille, Kerze, Streichhölzer, Glasrohr (ca. 30 mm Durchmesser), Holzplatte, Glasplatte, 2 Unterlegklötzchen

Versuchsanleitung
a) Entzünde die Kerze und stelle sie auf die Holzplatte. Stülpe das Glasrohr über die Kerze und decke die obere Öffnung mit der Glasplatte ab (▷ B 3, links).
b) Wiederhole den Versuch. Stelle diesmal aber das Glasrohr auf die zwei Holzklötzchen, sodass unten ein Spalt offen bleibt. Lasse das Glasrohr auch oben offen (▷ B 3, rechts).

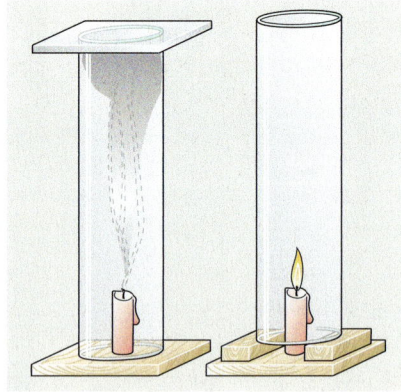

3 Kerze unter Verschluss

4 Feuerfestes Papier

Material
Schutzbrille, 1 Blatt Papier, Teelicht, Kerze, 2 Tiegelzangen, Wasser

Versuchsanleitung
Falte aus dem Blatt Papier ein Papier-Schiffchen. Entzünde das Teelicht. Befülle das Schiffchen nun halb mit Wasser und halte es mit den zwei Tiegelzangen über die Flamme.

Aufgaben
1. Gib an, welche Beobachtung man machen kann.
2. Begründe, warum das Papier nicht verbrennt.

Aufgaben
○ 1 Gib die Bedingungen an, die bei der Verbrennung einer Kerze erfüllt werden. (💡 S. 119)

◒ 2 Was brennt bei einer Kerze? Formuliere auf Grundlage deiner Beobachtungen eine Schlussfolgerung.

Eine Kerze verbrennt

g6g8q2

1 Flammen sind brennende Gase.

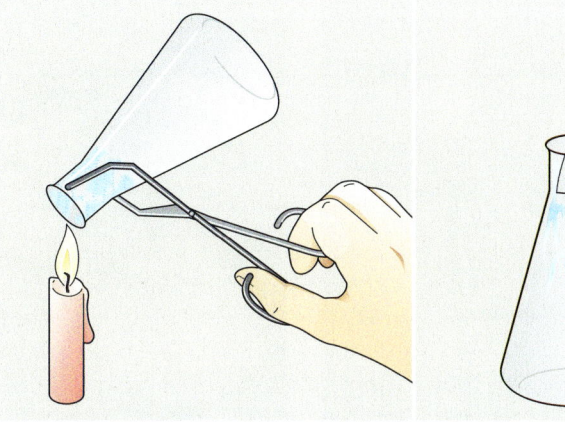

2 Nachweis von Wasser

Physikalische Vorgänge

Wenn eine Kerze verbrennt, sieht man eine Flamme und darunter flüssiges Wachs (▷ B1). Während die Kerze brennt, schmilzt immer
5 wieder Wachs. Beim Schmelzen ändert sich aber nur der Aggregatzustand des Wachses von fest zu flüssig. Dies bezeichnet man als **physikalischen Vorgang**, weil dabei kein neuer Stoff entsteht. Erst wenn das Wachs ver-
10 brennt, wird die Kerze kleiner und es entstehen neue Stoffe.

Stoffe bei Verbrennungen nachweisen

Von der Flamme steigen unsichtbare Gase auf, die bei der Verbrennung des Wachses
15 entstehen. Diese Gase kann man mit einem umgedrehten Erlenmeyerkolben auffangen (▷ B 2, links). Dabei kondensieren nach einiger Zeit kleine Tröpfchen am Rand des Erlenmeyerkolbens. Hält man einen Streifen **Wa-**
20 **tesmo-Papier** in die Tröpfchen, färbt sich das Papier blau. Dies ist ein Nachweis für **Wasser**.

Anschließend verschließt man den Erlenmeyerkolben mit dem aufgefangenen Gas und lässt ihn abkühlen. In den abgekühlten
25 Erlenmeyerkolben gibt man etwas **Kalkwasser**, verschließt ihn wieder und schüttelt kräftig um. Das klare Kalkwasser wird milchig trüb. Die Trübung von Kalkwasser ist ein Nachweis für **Kohlenstoffdioxid**.
30 (► Chemische Reaktion/Energie, S. 106/107)

Stoffumwandlungen

Wenn eine Kerze verbrennt, entstehen neue Stoffe. Diesen Vorgang nennt man eine **Stoffumwandlung**. Jede Verbrennung ist eine
35 Stoffumwandlung.

Verbrennungen sind Stoffumwandlungen.
Bei der Verbrennung von Kerzenwachs entstehen Wasser und Kohlenstoffdioxid.
Wasser weist man durch die Blaufärbung
40 **von Watesmo-Papier und Kohlenstoffdioxid durch die Trübung von Kalkwasser nach.**

milchig trüb
hat eine weiße, nicht durchsichtige Farbe

Aufgaben

○ **1** Beschreibe, was der Begriff „Stoffumwandlung" bedeutet. (💡 S. 119)

◔ **2** Erläutere, warum es sich bei einer Verbrennung um eine Stoffumwandlung handelt.

● **3** Erkläre an Beispielen den Unterschied zwischen einem physikalischen Vorgang und einer Stoffumwandlung.

Verbrennung, eine Stoffumwandlung

1 Eine Fackel erzeugt Licht und Wärme.

2 Erloschenes Lagerfeuer

Verbrennungen verändern Stoffe

Bei der Verbrennung einer Kerze entstehen aus dem Wachs die Verbrennungsprodukte Wasser und Kohlenstoffdioxid. Auch beim Abbrennen eines Lagerfeuers entstehen aus dem Holz diese gasförmigen Verbrennungsprodukte. Die Asche besteht dagegen aus denjenigen Bestandteilen des Holzes, die nicht verbrennen (▷ B 2).

Die Beispiele Kerze und Lagerfeuer zeigen: Bei einer Verbrennung entstehen neue Stoffe mit neuen Eigenschaften. Es findet eine **Stoffumwandlung** statt. Man sagt auch, dass aus Ausgangsstoffen (Edukten) neue Stoffe (Produkte) entstehen.

Verbrennungs-
produkt
Stoff, der bei einer
Verbrennung
entsteht

Verbrennungen setzen Energie frei

Ein Lagerfeuer wärmt uns und spendet Licht. Auch eine Fackel erzeugt Licht und Wärme (▷ B 1). In manchen Haushalten wird Wärme durch das Verbrennen von Erdgas oder Heizöl erzeugt. Diese Wärme nutzt man, um Wasser aufzuheizen. Das heiße Wasser kann dann beispielsweise einen Heizkörper erwärmen, oder es wird von dir zum Duschen benutzt. Bei Verbrennungen entstehen also nicht nur neue Stoffe, sondern wir nutzen Verbrennungen auch zur Freisetzung von **Energie**. Diese Energie wird in Form von Wärme und Licht abgegeben.
(► Chemische Reaktion/Energie, S. 106/107)

Bei Verbrennungen finden Stoffumwandlungen statt. Aus den Ausgangsstoffen entstehen neue Stoffe mit neuen Eigenschaften. Dabei wird Energie frei.

Aufgaben

1 Zähle alle im Text genannten Verbrennungsprodukte auf.
(💡 S. 119)

2 Durch das Verbrennen von brennbaren Stoffen wie Erdgas oder Holz wird Energie freigesetzt. Nenne Beispiele für die Nutzung dieser Energie.

3 Diskutiert in der Gruppe, ob Asche noch brennen kann.

Die chemische Reaktion

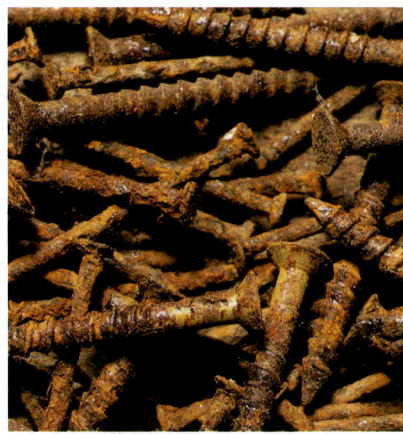

1 Eisen rostet an feuchter Luft.

2 Backen ist eine chemische Reaktion.

Stoffumwandlungen sind chemische Reaktionen

Wenn eine Kerze verbrennt, findet eine Stoffumwandlung statt. Aus dem Kerzen-
5 wachs entstehen Kohlenstoffdioxid und Wasser. Es bilden sich also neue Stoffe mit anderen Eigenschaften. Einen solchen Vorgang bezeichnet man als chemische Reaktion.

Chemische Reaktionen im Alltag
10 In unserer Umwelt finden ständig chemische Reaktionen statt. Viele davon sind deutlich langsamer und unauffälliger als eine Verbrennung mit Flammen. Bei allen stellt man aber
15 fest, dass sich neue Stoffe gebildet haben.

Es gibt viele Beispiele für chemische Reaktionen. Gegenstände aus Eisen rosten an der feuchten Luft (▷ B 1). Dabei bekommen sie eine rotbraune Schicht, die sogar abblättern

20 kann. Wenn gekocht, gebraten und gebacken wird, finden vielfältige Stoffumwandlungen statt. Schau beispielsweise einen Kuchenteig vor und nach dem Backen an (▷ B 2). Oder betrachte eine Banane, die zu lange in der
25 Obstschale gelegen hat. Auch dort kannst du Stoffumwandlungen deutlich erkennen.

Chemische Reaktionen in der Natur
Auch in der Natur werden ständig neue Stoffe gebildet und wieder abgebaut. Dabei finden
30 ebenfalls chemische Reaktionen statt. Im Laufe eines Jahres entstehen Blätter, Blüten und Früchte. Sie welken und verblühen, fallen zu Boden und verrotten. Diese natürlichen Abfälle werden von Würmern und Bakterien
35 zersetzt. Dabei entsteht Kompost, der als Dünger für neue Pflanzen verwendet werden kann.
(► Chemische Reaktion/Energie, S. 106/107)

Aufgaben
1 Erkläre den neuen Begriff „chemische Reaktion".

2 Beschreibe anhand von Beispielen möglichst genau, welche Veränderungen du beim Braten, Kochen und Backen beobachten kannst.

3 Betrachte einen Tag lang deine Umwelt mit den Augen eines Chemikers und notiere alle Stoffumwandlungen, die du erkennen kannst. Vergleiche deine Notizen mit denen deiner Mitschülerinnen und Mitschüler.

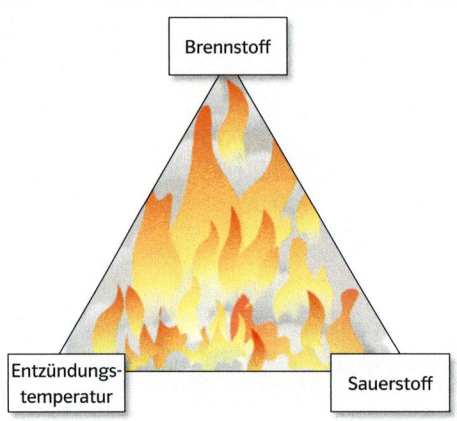

1 Bedingungen für ein Feuer

Brände

Brände sind Feuer, die außer Kontrolle geraten sind und Schaden anrichten.

Bedingungen für ein Feuer

5 Es müssen drei Bedingungen erfüllt sein, damit ein Feuer entsteht (▷ B 1):
1. Es muss ein brennbarer Stoff vorliegen.
2. Die Entzündungstemperatur des brennbaren Stoffes muss erreicht sein.
10 3. Es muss genügend Luft und damit Sauerstoff vorhanden sein.

Zerteilungsgrad

Je höher der Zerteilungsgrad eines brennbaren Stoffes ist, desto schneller und heftiger 15 verbrennt er.

Verbrennungsprodukte

Bei einer Verbrennung entstehen Verbrennungsprodukte. Beispiele sind Kohlenstoffdioxid und Wasser.

20 Stoffumwandlung

Bei einer Stoffumwandlung entstehen neue Stoffe mit anderen Eigenschaften. Aus den Ausgangsstoffen (Edukten) werden neue Stoffe (Produkte). Jede Verbrennung ist eine 25 Stoffumwandlung. Bei einer Verbrennung wird Energie frei.

Fossile Brennstoffe

Fossile Brennstoffe sind vor vielen Millionen Jahren entstanden. In den Brennstoffen ist 30 viel Energie gespeichert. Beim Verbrennen wird diese Energie für den Menschen nutzbar und es kann z. B. Strom erzeugt werden. Dabei wird jedoch auch Kohlenstoffdioxid frei, welches zur Klimaerwärmung beiträgt. 35 Die Vorräte an fossilen Brennstoffen sind begrenzt.

Nachweis von Wasser

Wasser wird durch die Blaufärbung von Watesmo-Papier nachgewiesen.

40 Nachweis von Kohlenstoffdioxid

Kohlenstoffdioxid wird durch die Trübung von Kalkwasser nachgewiesen.

Möglichkeiten der Brandbekämpfung

Es gibt drei Möglichkeiten, ein Feuer zu löschen: 45 schen: 1. Entfernen des brennbaren Stoffes, 2. Abkühlen unter die Entzündungstemperatur des brennbaren Stoffes, 3. Unterbrechung der Luftzufuhr.

Brandklassen

50 Brennbare Stoffe werden in die fünf Brandklassen A, B, C, D und F eingeteilt. Die Brandklassen helfen dabei, für jeden Brand das richtige Löschmittel zu wählen.

Meldung eines Brandes

55 Ein Brand wird unter der Rufnummer 112 und mit den Angaben von Bild 2 gemeldet.

> **Melden Sie bitte**
>
> – Wer ruft an?
> – Wo brennt es?
> – Was brennt?
> – Gibt es Verletzte?
> – Welcher Art sind die Verletzungen?
> – Warten auf Rückfragen!

2 Meldung eines Brandes

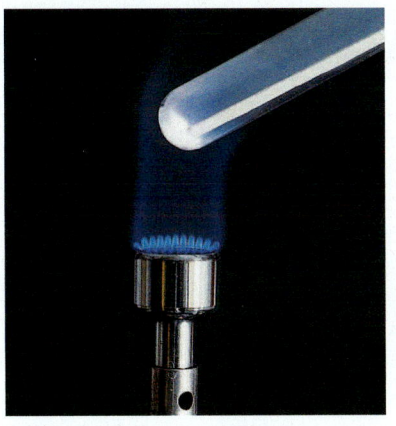

1 Streichholz in Reagenzglas

2 Fettbrand

3 Kupferwendel

1 Nenne die Bedingungen, die für die Entstehung eines Feuers vorhanden sein müssen.
► S. 86/87

2 Ordne die folgenden Gegenstände nach zunehmendem Zerteilungsgrad des Eisens: Eisenwolle, Eisenpulver, Eisennagel.
► S. 86/87

3 Beschreibe, wie eine Flamme zustande kommt.
► S. 97

4 Beschreibe drei Situationen im Haushalt, bei denen es zu einem Brand kommen kann.
► S. 92/93

5 Zähle auf, was du der Feuerwehr melden musst, wenn du einen Brand entdeckst.
► S. 92/93

6 Beschreibe, wie man Kohlenstoffdioxid nachweisen kann.
► S. 97

7 Welche Verbrennungen sind erwünschte Vorgänge, welche nicht? Nenne sechs Verbrennungsvorgänge und ordne diese in einer Tabelle.
► S. 84

8 Ein Streichholz entflammt im Reagenzglas ohne direkten Kontakt mit einer offenen Flamme (▷ B 1). Erkläre.
► S. 86/87

9 Erläutere anhand des Verbrennungsdreiecks, wie man ein Feuer löscht.
► S. 86/87

10 Begründe, warum brennende Autos häufig mit Schaum und nicht mit Wasser gelöscht werden.
► S. 88/89, 90/91

11 Beim Verbrennen von Benzin entstehen Wasserdampf und Kohlenstoffdioxid. Vergleiche ihre Eigenschaften mit denen des Ausgangsstoffs.
► S. 97, 98

12 Brennendes Fett darf nicht mit Wasser gelöscht werden. Erläutere, wie du ein solches Feuer dennoch löschen

kannst (▷ B 2). Wende dabei dein Wissen über Brandbekämpfung an.
► S. 88/89

13 Begründe, warum bei Brandklasse B Wasser als Löschmittel ungeeignet ist.
► S. 88/89

14 Eine Kerzenflamme erlischt, wenn man eine Kupferwendel, die etwa den Durchmesser der Kerzenflamme hat, über die Flamme hält (▷ B 3). Erkläre.
► S. 86/87, 97

15 Was geschieht beim Verbrennen einer Kerze? Erkläre mithilfe der Fachbegriffe Aggregatzustand, Stoffumwandlung, Edukt, Produkte, Energie.
► S. 97

16 Plane einen Versuch, wie du die Verbrennungsprodukte eines Streichholzes nachweisen kannst.
► S. 97

Stoffe und Teilchen

Täglich nehmen wir Gegenstände in die Hand. Die Chemie beschäftigt sich damit, aus welchen Stoffen diese Gegenstände bestehen und welche Eigenschaften diese Stoffe haben. Viele Eigenschaften von Stoffen kann man nur erklären, wenn man weiß, wie Stoffe aufgebaut sind. Der Aufbau von Stoffen kann selbst mit den besten Mikroskopen nicht sichtbar gemacht werden. Deshalb hat man ein Teilchenmodell entwickelt, mit dem man den Aufbau der Stoffe und einige Eigenschaften erklären kann.

Stoffeigenschaften

Jeder Stoff besitzt typische Eigenschaften. Manche Eigenschaften, wie die Farbe oder Verformbarkeit, kannst du mit den Sinnen oder mit einfachen Hilfsmitteln wahrnehmen. Andere Eigenschaften sind messbar, dazu gehören Schmelztemperatur, Siedetemperatur, Dichte und Löslichkeit. Durch den Vergleich ihrer Eigenschaften kann man Stoffe voneinander unterscheiden.

Gold

Farbe:	gelblich
Glanz:	glänzend
Zustand bei Raumtemperatur:	fest
Verformbarkeit:	verformbar
Schmelztemperatur:	1064 °C
Siedetemperatur:	3080 °C
elektrische Leitfähigkeit:	leitfähig
Wärmeleitfähigkeit:	gut

Teilchenmodell

Um Eigenschaften und Veränderungen von Stoffen wie z. B. die Löslichkeit besser erklären zu können, nutzt man Modelle wie das Teilchenmodell. Im Teilchenmodell stellt man sich Stoffe aus kleinen, kugelförmigen Teilchen aufgebaut vor.

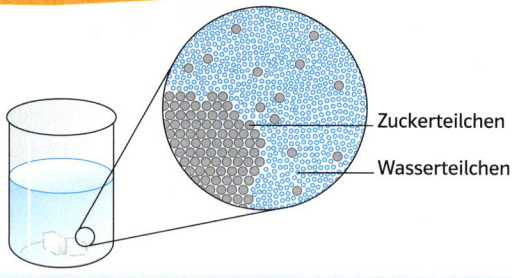

Zuckerteilchen

Wasserteilchen

Zuckerlösung

Stoffkreisläufe

In unserer Umwelt gibt es viele Stoffkreisläufe. Wasser wird von der Sonne erwärmt, verdunstet und steigt als Wasserdampf in die Atmosphäre auf. Der Wasserdampf kondensiert bei niedriger Temperatur, es bilden sich Wolken, aus denen Regen auf die Erde fällt. Danach beginnen diese Vorgänge wieder von neuem. Auch in unserem Körper findet man Stoffkreisläufe. Unser Blut wird im Körper in einem doppelt geschlossenen Blutkreislauf zwischen Lunge, Herz und dem Rest des Körpers hin- und hertransportiert. Auch in der Industrie gibt es Kreisläufe. Glasflaschen können nach Gebrauch eingeschmolzen und zu neuen Flaschen recycelt werden.

Trennverfahren

Da sich die einzelnen Bestandteile eines Stoffgemisches in verschiedenen Eigenschaften unterscheiden, kann man diese zur Trennung nutzen. So unterscheiden sich Kochsalz und Wasser z. B. in ihrer Siedetemperatur. Erhitzt man eine Kochsalzlösung, dann verdampft das Wasser und das Kochsalz bleibt zurück. Beim Filtrieren nutzt man die unterschiedliche Teilchengröße der Bestandteile.

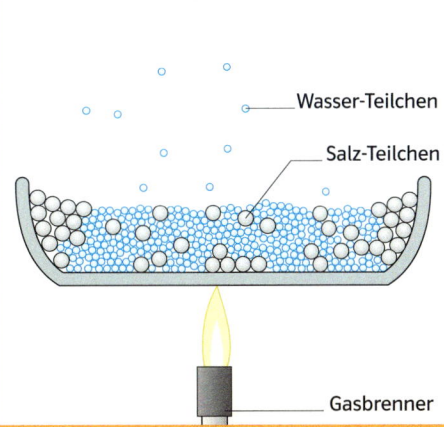

Wasser-Teilchen
Salz-Teilchen
Gasbrenner

Stoff und Gegenstand

Wenn man einen Gegenstand beschreiben will, gibt man das Material an, aus dem er besteht, und beschreibt seine Form. Beispiele dafür sind die Begriffe Glaskugel oder Gummiball. Das Material, aus dem ein Gegenstand besteht, wird in der Chemie als Stoff bezeichnet. Alle Gegenstände bestehen also aus Stoffen.

Gleicher Gegenstand

Gleicher Stoff

Aufgaben

1 Beschreibe den Unterschied zwischen der Stoff- und Teilchenebene.

2 Nenne drei Stoffeigenschaften, die messbar sind.

3 Nenne die Stoffeigenschaften von Eis. Beschreibe den Aufbau mit dem Teilchenmodell.

4 Beschreibe vier Trennverfahren in vollständigen Sätzen.

5 Erkläre an drei Beispielen, wie die Nutzung eines Stoffes von seinen Eigenschaften abhängt.

Struktur und Eigenschaften

Stoffe erkennt man an ihren Eigenschaften. Die Eigenschaften eines Stoffes werden z. B. dadurch bestimmt, wie die kleinsten Teilchen angeordnet sind, also welche „Struktur" die Stoffe haben. In Reinstoffen wie Kupfer, Sauerstoff, Wasser und Zucker sind die kleinsten Teilchen untereinander gleich. In Stoffgemischen wie Salzwasser, Mineralwasser oder Kuchen liegen die unterschiedlichen Teilchen der Reinstoffe nebeneinander vor. Die Stoffeigenschaften kann man auch nutzen, um Stoffe in Stoffgruppen einzuteilen. Die Stoffeigenschaften bestimmen außerdem die Verwendungsmöglichkeiten der Stoffe im Alltag.

Stoffgruppen

Es gibt eine Vielzahl unterschiedlicher Stoffe. Für eine bessere Übersicht teilt man die Stoffe nach unterschiedlichen Gesichtspunkten ein. Stoffe, die einen metallischen Glanz besitzen, verformbar sind und die Wärme und den elektrischen Strom gut leiten, gehören zur Stoffgruppe der Metalle. Andere Gesichtspunkte für die Einteilung der Stoffe können die Zusammensetzung oder der Aggregatzustand sein.

Einige Metalle sind magnetisierbar.

Aggregatzustände

Stoffe können in fester, flüssiger oder gasförmiger Form vorliegen. Die Aggregatzustände eines Stoffes lassen sich mithilfe des Teilchenmodells erklären: In einem Feststoff liegen die Teilchen dicht und sehr geordnet aneinander und sind beinahe unbeweglich.

Führt man Energie in Form von Wärme zu, bewegen sich die Teilchen schneller. In Flüssigkeiten sind die Teilchen daher lockerer angeordnet. Bei Gasen ist der Abstand zwischen den Teilchen groß und sie bewegen sich frei.

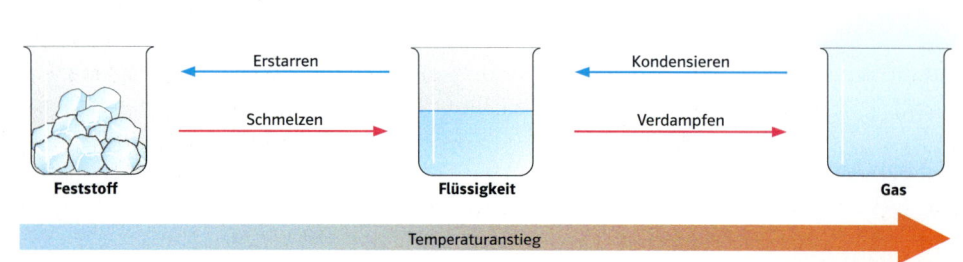

Reinstoffe und Gemische

Stoffe können als Reinstoffe oder als Stoffgemische vorliegen. Die kleinsten Teilchen eines Reinstoffes sind untereinander alle gleich. In einem Stoffgemisch liegen mindestens zwei verschiedene Teilchenarten vor. Man unterscheidet homogene und heterogene Stoffgemische.

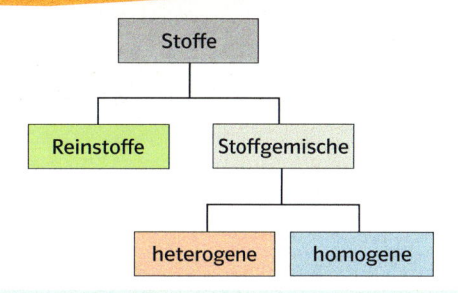

Einteilung der Stoffe

Eigenschaften bestimmen die Verwendung

Die Eigenschaften eines Stoffes bestimmen, wozu wir ihn verwenden können. Aus Aluminium beispielsweise können leichte, stabile Fahrräder gebaut werden. Kupfer hat eine besonders gute elektrische Leitfähigkeit und wird deshalb in Stromkabeln verbaut. Die Isolierung um das Kabel besteht dagegen aus nicht leitendem Kunststoff.

Aufgaben

1 Zähle einige Wörter auf, in denen der Begriff Stoff vorkommt. Gib an, welche der Wörter Stoffgruppen bezeichnen.

2 Fertige eine Skizze einer Kerze an. Beschrifte die Skizze an den richtigen Stellen mit den Begriffen für die drei Aggregatzustände.

3 Ordne die folgenden Stoffe in Reinstoffe und Stoffgemische: Blut, Eisen, reines Speisesalz, Meerwasser.

4 Ein Liter heißes Wasser enthält mehr Energie als ein Liter kaltes Wasser. Erkläre diese Aussage mit dem Teilchenmodell.

5 Ein Fahrradrahmen kann aus Stahl, Aluminium-Legierungen oder „Carbon" (kohlenstofffaserverstärkter Kunststoff) bestehen. Recherchiere die Eigenschaften dieser Stoffe. Begründe, für welchen Rahmen du dich beim Kauf eines Fahrrads entscheiden würdest.

Chemische Reaktion/Energie

Wenn man Holz, Kohle oder Erdgas verbrennt, wird Energie frei: Es entstehen Wärme und Licht, die wir nutzen können. Der Begriff Energie begegnet uns sehr häufig. Wir sollen „keine Energie verschwenden" oder bedenken, dass „eine Tafel Schokolade eine geballte Ladung Energie enthält". Energie benötigen wir beispielsweise, um uns zu bewegen und zu lernen.

Aber bei einer Verbrennung wird nicht nur Energie frei, es entstehen auch neue Stoffe. Manche Stoffe können wir mit unseren Sinnen nicht wahrnehmen, wir müssen sie mit einem Experiment nachweisen.
Aus Wasser kann man durch Energiezufuhr Wasserdampf herstellen. Dabei verändern sich die Wasserteilchen aber nicht, es entsteht kein neuer Stoff.

Stoffumwandlung

Beim Backen wird aus hellgelbem, zähem Brotteig durch das Erhitzen ein braunes, festes Brot. Eine solche Stoffumwandlung, bei der neue Stoffe mit neuen Eigenschaften entstehen, bezeichnet man als chemische Reaktion. Chemische Reaktionen sind auch das Verbrennen von Holz zu Asche oder die Zersetzung einer Pflanze zu Kompost.

Energie und Verbrennung

Der Mensch nutzt seit Jahrtausenden das Licht und die Wärme von Feuer. Heute wird in vielen Häusern warmes Wasser durch das Verbrennen von Erdgas oder Erdöl erzeugt, welches dann beispielsweise zum Duschen genutzt wird. Bei Verbrennungen findet also nicht nur eine Stoffumwandlung statt, sondern es wird auch immer Energie in Form von Licht und Wärme abgegeben.

Ein Lagerfeuer erzeugt Licht und Wärme.

Brandbekämpfung

Beim Löschen eines Brandes sorgt man dafür, dass mindestens eine der Bedingungen einer Verbrennung nicht mehr gegeben ist. Man kann ein Feuer löschen, indem man die Sauerstoffzufuhr unterbricht, indem man den brennenden Stoff unter seine Entzündungstemperatur abkühlt oder indem man dem Feuer den brennbaren Stoff entzieht. Besonders gut und schnell erfolgt die Brandbekämpfung, wenn alle drei Methoden gleichzeitig angewendet werden.

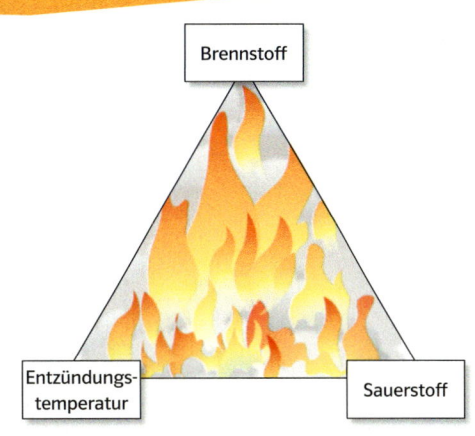

Bedingungen für eine Verbrennung

Nachweis von Stoffen

Die bei der Verbrennung von Kerzenwachs gebildeten Stoffe Kohlenstoffdioxid und Wasser kann man nachweisen. Beim Einleiten von Kohlenstoffdioxid in Kalkwasser trübt sich die Flüssigkeit. Wenn Wasser mit weißem Watesmo-Papier in Berührung kommt, so verfärbt sich das Papier blau.

Nachweis von Wasser

Aufgabe

1 Beschreibe Nachweise für die Stoffe, die bei der Verbrennung von Kerzenwachs entstehen.

2

a) Nenne einige Möglichkeiten, wie du eine Kerzenflamme löschen kannst.

b) Erläutere, wie sich durch die von dir genannten Methoden die Bedingungen für eine Verbrennung ändern.

3 Begründe, dass es sich beim Backen eines Kuchens um eine Stoffumwandlung handelt.

4 Erkläre, warum das Verdampfen von Wasser keine Stoffumwandlung ist.

5 Eisenpulver kann heftig verbrennen. Dennoch werden Brandschutz-Türen aus Eisen hergestellt. Begründe.

Arbeiten mit dem Buch

Ganz oben auf jeder Seite findest du das **Kapitel** und das **Teilkapitel**.

Die große **Überschrift** sagt dir, worum es auf der Seite geht.

2 Stoffe und Stoffeigenschaften | Stoff und Gegenstand

Stoffe und Stoffeigenschaften

1 Löffel aus unterschiedlichen Stoffen

Bildverweise weisen dich auf Bilder hin, die zur Textstelle passen.

Mit dem **Zeilenzähler** kannst du in Gesprächen genau sagen, um welche Textstelle es geht.

Neue Fachwörter erkennst du daran, dass sie fett hervorgehoben sind.

Die **Zwischenüberschrift** sagt dir, worum es im folgenden Abschnitt geht.

fächeln
mit der Hand die
Luft bewegen

Einen Löffel aus Metall kannst du leicht von einem Löffel aus Kunststoff oder einem Löffel aus Holz unterscheiden (▷ B 1). All diese Stoffe haben nämlich unterschiedliche Stoffeigenschaften. Viele **Stoffeigenschaften** kannst du mit den Sinnen wahrnehmen. (▷ Stoffe und Teilchen, S. 102/103)

Aussehen eines Stoffes
Mit deinen Augen siehst du sofort, welche **Farbe** ein Stoff hat. Auch der **Glanz** der Oberfläche ist eine Stoffeigenschaft, die du mit den Augen wahrnehmen kannst.

Geschmack und Geruch
Viele Stoffe unterscheiden sich durch ihren **Geschmack**: Zitronensaft schmeckt sauer,

Grapefruitsaft ist etwas bitter. Schokolade hat einen süßen Geschmack und Meerwasser schmeckt salzig. Im Fachraum sind Geschmacksproben jedoch verboten.
Stoffe wie z. B. Essig haben einen ... schen **Geruch**. Rieche nie direkt an ... unbekannten Stoff. Der Stoff könn... liche Dämpfe abgeben und die Nas... schleimhäute reizen. Fächle immer... Hand über der Probe, wenn du den Geruch bestimmen möchtest!

Tasten und Fühlen
Manche Stoffe haben eine raue Oberfläche, andere fühlen sich weich oder glatt an. Mit den Fingern kannst du die **Oberflächen-Beschaffenheit** eines Stoffes ertasten. Fasse im Unterricht nur Stoffe an, wenn es ausdrücklich erlaubt wurde!

Mit den Ohren erkennen
Mit dem Hörsinn kannst du G... unterschiedlichen Stoffen vor... scheiden: Ob Flaschen aus Gla... Kunststoff aneinanderstoßen... am **Klang**.

Verschiedene Stoffe haben unterschiedliche Stoffeigenschaften.
Farbe, Glanz, Geschmack, Geruch, Oberflächen-Beschaffenheit und Klang sind Stoffeigenschaften, die man mit den Sinnen wahrnehmen kann.

Für **unterstrichene Wörter** findest du eine einfache Erklärung in der Randspalte.

Fachwörter, die du nicht mehr weißt, kannst du im **Glossar** im Anhang nachschlagen. Wenn du das Wort dort nicht findest, sieh im **Stichwortverzeichnis** nach.

Den **Merksatz** erkennst du an der Farbe. Er fasst die wichtigsten Inhalte der Seite kurz zusammen und hilft dir beim schnellen Nachschlagen.

Aufgaben
1 Vervollständige die Sätze in deinem Heft:
a) Mit deinen Augen siehst du sofort, …
b) Im Fachraum sind …
c) Fächle mit der Hand über der Probe, …

d) Fasse im Unterricht nur Stoffe an, … (⚗ S. 116)

2 Erstelle eine Tabelle mit den Sinnen des Menschen und den Stoffeigenschaften, die man damit wahrnimmt.

3 Begründe an... Beispiels, wa... eindeutigen ... von zwei Stof... ausreicht, nur ... eigenschaft zu untersuchen.

Achte auf diese Textstellen:

„z. B." ist die Abkürzung für „zum Beispiel".

„Wenn …, dann …" beschreibt einen festen naturwissenschaftlichen Zusammenhang.

„Im Folgenden …" sagt dir, dass weitere Erläuterungen oder Hinweise zum Thema folgen.

Die **Aufgaben** stehen immer unten auf der Seite. Zu den mit ○ gekennzeichneten Aufgaben findest du Hilfen im Anhang.

Seitenverweise weisen dich auf Seiten mit ergänzenden oder hilfreichen Inhalten hin.

Texte verstehen

„Lest bis zur nächsten Stunde den Text über das Thermometer", sagt die Lehrerin. „Ich möchte, dass ihr dann Fragen dazu beantworten könnt."

5 Leseprofis haben Lesetechniken, die das Lesen von Texten erleichtern. Hier lernst du eine Lesetechnik kennen. Halte dich an die folgende Reihenfolge.

1 Deine Vorbereitung

10 Möchtest du den Inhalt eines Textes verstehen, musst du dir Notizen machen und wichtige Begriffe markieren.

Auf einer gedruckten Schulbuch-Seite darfst du nicht schreiben. Besorge dir eine
15 Folie. Diese kannst du auf den Text legen und mit wasserlöslichen Stiften beschreiben.

2 Überfliege zuerst . . .

Überfliege den Text zuerst und verschaffe dir einen Überblick:
20 – Wie lautet das Thema?
– Was bedeuten die Begriffe?
– Was zeigen die Bilder?

3 . . . schau dann genau hin

Lies jetzt den Text genau. Dann kannst du
25 dich später auch an die Einzelheiten erinnern.

4 Kläre unbekannte Wörter

Unterstreiche alle Begriffe, die du nicht verstehst. Schlage sie in einem Lexikon nach, re-
30 cherchiere dazu im Internet oder erfrage sie.

5 Markiere Wichtiges

Markiere wichtige Begriffe mit einem Textmarker. Beachte dabei, dass du nie mehr als zwei oder drei hintereinander stehende Wör-
35 ter markierst. Ansonsten verlierst du die Übersicht. Nimm für jedes Teilthema eine andere Farbe.
Verwende Symbole:
¿ das ist mir unklar
40 ! das ist wichtig

6 Erstelle einen Stichwortzettel

Erstelle am Schluss einen Stichwortzettel: Schreibe dazu die wichtigsten Begriffe auf und ergänze kurze Notizen dazu.

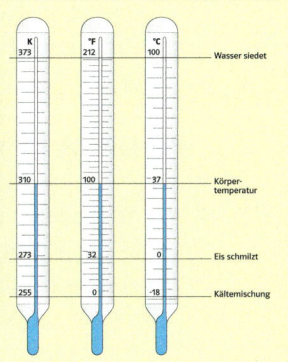

Temperatursinn und Thermometer

In der Haut liegen „Sensoren", mit denen wir Wärme oder Kälte fühlen. Der Temperatursinn ist für uns Menschen überlebenswichtig, damit wir unseren Körper entsprechend schützen. Wenn wir aber genau wissen wollen, wie warm oder kalt es ist, benutzen wir dazu ein Messgerät. Temperaturen werden mit dem Thermometer gemessen. Thermometer, die bei uns im täglichen Gebrauch sind, haben eine Celsius-Skala. Diese ist benannt nach dem schwedischen Wissenschaftler Anders Celsius (1701–1744). Auf der Celsius-Skala liegt der Gefrierpunkt von Wasser bei 0 °C (lies: Null Grad Celsius). Der Siedepunkt liegt bei 100 °C. Eine weitere Temperatur-Skala ist die Kelvin-Skala. Thermometer mit dieser Skala werden meistens im technischen Bereich eingesetzt. Der Engländer Lord Kelvin (1824–1907) nahm als Nullpunkt für seine Skala die tiefste mögliche Temperatur. Sie liegt bei – 273 °C. Auf der Kelvin-Skala siedet Wasser also bei

373 K (lies: 373 Kelvin). T... schiede werden immer in ... geben. Beispiel: Der Tem... von + 10 °C bis + 85 °C ... USA werden Thermome... heit-Skala verwendet. De... Gabriel Fahrenheit (1687... seine Skala etwa 30 Jahr... Fahrenheit-Skala spielt ... des Menschen von 37 °C ... Diese Temperatur wurd... Alle Wärmequellen geb... ist das, was ein warmer ... kalter Körper aufnimm... sich die Temperatur de... ratur kann mit einem ... werden.

Temperatursinn und Thermometer

Temperatursinn
◦ Sensoren für Wärme und Kälte in der Haut
◦ Temperatursinn schützt

Thermometer
◦ Messgerät für Temperaturen

Grad Celsius (°C)
◦ 0°C: Gefrierpunkt Wasser
◦ 100°C: Siedepunkt Wasser

Kelvin (K)
◦ 0 K = tiefste mögliche Temperatur = – 273°C
◦ 100°C = 373 K

Grad Fahrenheit (°F)
◦ Körpertemperatur des Menschen: 37°C
◦ 37°C = 100 F

Temperatur und Wärme
◦ Wärmequellen geben Wärme ab
◦ warme Körper geben Wärme ab
◦ kalte Körper nehmen Wärme auf
◦ Wärme verändert Temperatur

Aufgaben verstehen

Jede Aufgabe hat eine bestimmte Funktion. Manche möchten überprüfen, was du über eine Sache schon weißt. Andere Aufgaben testen zum Beispiel, wie gut du einen Inhalt
5 verstanden hast.

1 Bereite dich vor
Nimm dir deine Unterlagen, die du im Unterricht verwendest. Dies können zum Beispiel dein Heft, Arbeitsblätter oder Bücher sein.
10 Lege zusätzlich einen Stift und ein leeres Blatt Papier bereit.

2 Lesen der Aufgaben
Lies dir zuerst alle Aufgaben durch, die du bearbeiten sollst. Was wird von dir gefor-
15 dert?

3 Aufgaben abschreiben
Es ist sinnvoll, die Aufgaben abzuschreiben. So kannst du darunter die Antwort schreiben und weißt immer, wozu die Antworten gehö-
20 ren, die du aufgeschrieben hast.

4 Was genau ist zu tun?
Die Aufgaben enthalten Verben, die dich auffordern, etwas zu tun (▷ B 1). Beispiele sind: nenne, erläutere und bewerte.
25 Wenn du nicht genau weißt, was damit gemeint ist, findest du eine Liste der Verben zum Ausklappen am Beginn des Buches. Hier kannst du die Aufforderungen nachschlagen, die dir unklar sind.
30 Es ist wichtig zu wissen, was gefordert ist, damit du nichts vergisst, aber auch nicht zu viel machst.

5 Leicht oder schwer?
Aufgaben können unterschiedlich schwer
35 sein. Im Buch sind die Aufgaben nach ihrer Schwierigkeit sortiert und mit Symbolen gekennzeichnet.
Die Erklärung zu den Symbolen findet du auch auf der Klappe am Anfang des Buches.

6 Welche Aufgabe zuerst?
40 Häufig ist es sinnvoll, mit den Aufgaben zu beginnen, die dir leichtfallen.
Notiere dir daher im nächsten Schritt, bei welchen Aufgaben du das Gefühl hast, dass
45 du sie leicht beantworten kannst.

7 Wo liegt mein Problem?
Welche Aufgaben kannst du nicht so einfach beantworten? Mache dir zu jeder Aufgabe eine kurze Notiz, warum du die Aufgabe
50 nicht beantworten kannst.

8 Nutze Hilfen
Nutze deine Materialien (z.B. Heft oder Buch). Im Glossar kannst du nach Begriffen suchen, die dir noch nicht ganz klar sind
55 (▶ S.126). Du kannst auch deine Mitschüler fragen, wenn du etwas noch nicht verstanden hast. Außerdem findest du im Anhang für alle leichten Aufgaben zusätzlich Hilfen (▶ S.116).

60 9 Notiere die Antworten
Beantworte die Aufgaben und lass noch etwas Platz unter deinen Antworten. Vielleicht möchtest du später noch etwas ergänzen. Auch Aufgaben, die du nur zum Teil be-
65 antworten kannst, solltest du so weit bearbeiten, wie du kannst.

> **Aufgaben**
> ○ **1** Nenne ein Modell.
> Antwort 1: Spielzeugauto.
>
> ◑ **2** Erläutere das Modell.
> Antwort 2: Das Spielzeugauto hat die Form eines Autos. Es hat Türen und kann fahren. Ist aber kleiner als ein echtes Auto.
>
> ● **3** Bewerte das Modell.
> Antwort 3: Das Spielzeugauto kann fahren und sieht ähnlich aus. Es fährt aber mit Batterien statt mit Benzin und ist viel kleiner. Es ist also schon ein sehr gutes Modell, unterscheidet sich aber auch deutlich vom echten Auto.

1 Aufgaben unterscheiden sich

Wir erstellen ein Versuchsprotokoll

Naturwissenschaftler notieren sich genau, wie ein Experiment durchgeführt wird und was sie dabei beobachten. Diese Notizen nennt man Versuchsprotokoll. Ein Versuchs-

5 protokoll hilft, Versuche zu vergleichen und sich darüber zu unterhalten. Versuchsprotokolle sind immer gleich aufgebaut.

Name und Datum
Trage deinen Namen und das Datum ein.

Material
Hier notierst du alle Geräte und Chemikalien, die du benötigst.

Sicherheitsmaßnahmen
Auch die Sicherheitsmaßnahmen müssen ins Protokoll aufgenommen werden.

Beobachtungen
Halte alle Einzelheiten fest, die du während des Versuchs beobachtest, vor allem Messergebnisse. Hier darfst du Ergebnisse noch nicht deuten.

Entsorgung
Zum Schluss notierst du, wie mit Abfällen umgegangen wird.

Frage
Zu Beginn steht eine Frage, die man mithilfe des Versuchs lösen möchte.

Versuchsaufbau
Zeichne so genau wie möglich, wie der Versuch aufgebaut ist, und beschrifte ordentlich.

Versuchsanleitung
Beschreibe kurz und verständlich die Durchführung des Versuchs.

Ergebnis/Auswertung
Hier notierst du, was du durch den Versuch gelernt hast.

Versuchsprotokoll

Name: Laura Chemika   Datum: 14.02.2020

Frage:
Warum beschlägt der Spiegel nach dem Duschen?

Material:
Schutzbrille
Gasbrenner
Reagenzglas mit Reagenzglashalter
kaltes Uhrglas
Siedesteinchen
Wasser

Versuchsaufbau:
Reagenzglas
Reagenzglashalter
Gasbrenner

Sicherheitsmaßnahmen:
· Schutzbrille aufsetzen
· Haare zusammenbinden
· die Öffnung des Reagenzglases nicht auf Personen richten

Versuchsanleitung:
Fülle das Reagenzglas ca. 3 cm hoch mit Wasser. Gib einige Siedesteinchen dazu.
Entzünde den Brenner fachgerecht und stelle die nicht leuchtende Brennerflamme ein.
Halte das Reagenzglas schräg in die Flamme und bewege es leicht hin und her, bis das Wasser siedet.
Nimm das Reagenzglas zur Seite und halte das kalte Uhrglas über die Öffnung des Reagenzglases.

Beobachtung:
Es bilden sich Blasen im Wasser, Dampf steigt nach oben. Hält man das Uhrglas darüber, beschlägt es.

Ergebnis/Auswertung:
Wenn heißer Wasserdampf auf eine kalte Glasoberfläche trifft, dann wird er wieder zu Wassertropfen.

Entsorgung:
Die Siedesteinchen werden getrocknet und können in weiteren Versuchen wieder verwendet werden. Das Wasser kann in den Abfluss gegeben werden.

Diagramme lesen

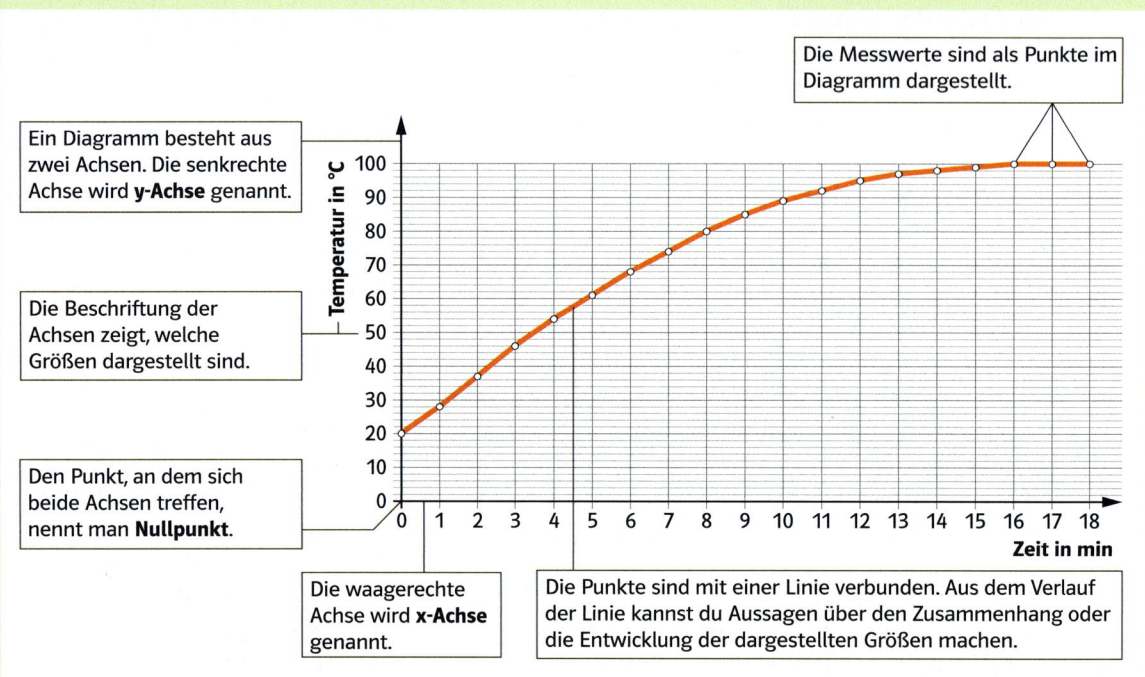

Ein Diagramm besteht aus zwei Achsen. Die senkrechte Achse wird **y-Achse** genannt.

Die Beschriftung der Achsen zeigt, welche Größen dargestellt sind.

Den Punkt, an dem sich beide Achsen treffen, nennt man **Nullpunkt**.

Die Messwerte sind als Punkte im Diagramm dargestellt.

Die waagerechte Achse wird **x-Achse** genannt.

Die Punkte sind mit einer Linie verbunden. Aus dem Verlauf der Linie kannst du Aussagen über den Zusammenhang oder die Entwicklung der dargestellten Größen machen.

Diagramme erstellen

1 Überlege dir, welche beiden Größen du auf den beiden Achsen darstellst.
2 Wähle eine geeignete Einteilung auf den Achsen. Es müssen alle Werte hineinpassen.
3 Beschrifte die Achsen und gib deinem Diagramm einen Titel.
4 Trage die Messergebnisse als Punkte in das Diagramm ein (siehe Bild).

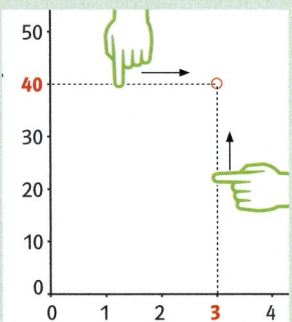

5 Verbinde die Punkte mit einer Linie.

Recherchieren im Internet

1 Öffne einen Browser.
2 Geh auf das Suchfeld im Browser oder geh auf die Seite einer Suchmaschine.
3 Gib in das Suchfeld deinen gesuchten Begriff ein, z.B. „Magnet".
4 Schau die Ergebnisse an. Ist schon das Passende dabei?
5 Verfeinere die Suche, falls nötig. Wenn du z.B. mehr über die Pole von Magneten wissen möchtest, ergänze deinen Suchbegriff zu „Magnet Pole" oder „Magnetpole".

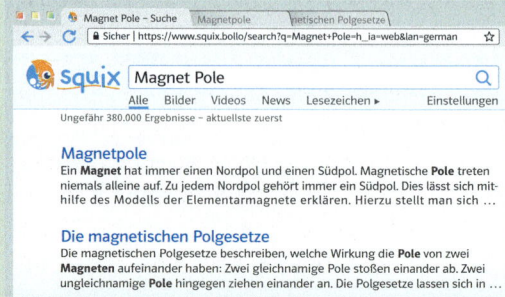

Expertenbefragung

Eine Expertenbefragung sollte sorgfältig geplant sein und gut vorbereitet werden. Zunächst gilt es, den richtigen Ansprechpartner oder -partnerin für eure Befragung zu finden.

5 Fragen sammeln und ordnen

Sammelt im Unterricht Fragen, die ihr dem Experten stellen wollt. Ordnet eure Fragen anschließend thematisch und erstellt eine Liste. Legt auch schon vorab fest, wer welche
10 Fragen stellt und wer die Antworten notiert. Wenn der Experte zustimmt, könnt ihr das Gespräch auch mit dem Handy aufzeichnen. Dann könnt ihr nach dem Gespräch alles Wichtige in Ruhe nachhören und auf-
15 schreiben.

Der Ablauf der Befragung

Nach der Begrüßung könnt ihr mit der Befragung loslegen. Seid freundlich und höflich.

Fragt nach, wenn ihr etwas nicht verstanden
20 habt oder genauer wissen wollt. Vergesst nicht, euch am Ende des Gespräches zu bedanken.

Die Nachbereitung

Für die Dokumentation des Gespräches ist
25 es wichtig, dass ihr die Ergebnisse der Befragung besprecht und aufschreibt. Ihr könnt auch ein Plakat erstellen. Achtet darauf, dass eure Dokumentation nicht zu überladen ist, sonst wird es für andere Menschen schwie-
30 rig, alles zu lesen.

Mit Modellen arbeiten

Was ist ein Modell?

Ein Modell ist ein vereinfachtes Abbild der Wirklichkeit. Mithilfe von Modellen können wir die Natur und komplizierte Vorgänge
5 besser verstehen.

Ein Modell kann beispielsweise die Nachbildung der Erde sein. Ein Globus ist ein verkleinertes Modell des Planeten Erde.

Ein Modell kann auch ein Gegenstand
10 sein. Eine verkleinerte Nachbildung eines echten Autos ist auch ein Modell. Besonders wichtige Eigenschaften des Originals werden hervorgehoben, unwichtige weggelassen. Modelle müssen nicht alles perfekt abbil-
15 den – das Wichtigste aber klar herausstellen.

Beispiel: Erde, Mond und Sonne

Die Erde bewegt sich um die Sonne. Der Mond bewegt sich um die Erde. Die Erde und der Mond drehen sich um sich selbst. Alle

20 diese Bewegungen finden gleichzeitig statt. Diese Bewegungen kann man gut mit einem Modell darstellen.

Die Größen und Entfernungen sind in diesen Modellen übrigens nicht korrekt
25 maßstabsgetreu dargestellt. Nur so kann man mit einem handlichen Modell die gleichzeitig stattfindenden Bewegungen klar darstellen.

Ergebnisse präsentieren: Vortrag

Bei einem Vortrag musst du vor der Klasse sprechen. Folgende Tipps helfen dir:

- Nenne am Anfang immer erst mal das Thema.
5 - Sprich laut und deutlich.
- Schaue deine Zuhörer an.
- Trage die Ergebnisse möglichst frei vor. Das geht gut, wenn du wichtige Sätze vorher geübt hast.
10 - Erzähle lebendig und mit Begeisterung.
- Verwende verständliche Wörter. Neue, wichtige Fachbegriffe darfst und sollst du natürlich auch verwenden.
- Schreibe wichtige Informationen an die
15 Tafel, z.B. Fachbegriffe.
- Zeige Bilder oder Gegenstände.

- Überlege dir vorher, was du in welcher Reihenfolge erzählst. Du kannst dazu Stichpunkte auf ein Kärtchen schreiben.

Ergebnisse präsentieren: Plakat

Ein Plakat dient dazu, ein fachliches Thema klar und verständlich darzustellen. Beachte folgende Tipps zur Gestaltung:

- Schreibe die Überschrift groß und deutlich.
5 - Verwende Bilder. Die Bilder zeigen das Thema verständlich und nachvollziehbar.
- Schreibe nur wenig Text in kurzen Sätzen.
- Unterteile dein Plakat in einzelne Abschnitte. Jeder Abschnitt erklärt einen Teil
10 des Themas. Benutze am besten Farben für die verschiedenen Abschnitte.

So trenne ich Müll

Bio-Müll
In den Bio-Müll kommen Abfälle aus Lebensmitteln oder Gartenabfälle.
Bio-Müll kann zu Kompost verarbeitet werden. Diesen nutzt man zum Düngen.

Kunststoff-Müll
In den Kunststoff-Müll kommen alle Gegenstände aus Kunststoff.
Kunststoff-Müll kann für die Herstellung neuer Kunststoff-Gegenstände wieder verwertet (recycelt) werden.

Rest-Müll
In den Rest-Müll kommt nur der Müll, der nicht wiederverwertet werden kann.
Der Müll wird dann in Verbrennungsanlagen verbrannt.

Einen Stoff-Steckbrief erstellen

Jeder Stoff hat bestimmte, spezifische Eigenschaften. Wenn du diese Eigenschaften übersichtlich auf einer Seite zusammenfasst, nennt man dies einen **Stoff-Steckbrief**.

5 **Jetzt kannst du loslegen**
Notiere alles, was du von deinem Stoff weißt.
– Zuerst solltest du den Namen des Stoffs aufschreiben, wenn du ihn weißt.
10 – Überlege, welche Eigenschaften du kennst oder untersuchen willst. Schreibe diese Eigenschaften untereinander auf.
– Bei jeder Eigenschaft notierst du deine Ergebnisse stichwortartig.
15 – Zum Schluss kannst du ein Bild oder Foto deines Stoffs aufkleben oder aufmalen.
– Wenn du am Anfang nicht weißt, wie dein Stoff heißt, kannst du die Eigenschaften mit anderen Stoff-Steckbriefen verglei-

20 chen. Sind die Eigenschaften gleich, handelt es sich auch um den gleichen Stoff.

„Bild des Stoffs"	„Name des Stoffs"
Farbe:	
Geruch:	
Härte:	
Verformbarkeit:	
Dichte:	
Schmelztemperatur:	
Siedetemperatur:	
Löslichkeit in Wasser:	
elektrische Leitfähigkeit:	
Wärmeleitfähigkeit:	
Magnetismus:	

Eine Mind-Map erstellen

Eine Mind-Map hilft dir, ein Thema zu gliedern und deine Gedanken (mind) übersichtlich wie auf einer Landkarte (map) darzustellen. Gedanken zu einem Thema werden wie
5 Äste und Zweige eines Baumes zusammengefasst. Die Mind-Map eignet sich gut als Merkzettel und Grundlage für eine Präsentation oder ein Plakat.

Eine Mind-Map erstellen
10 1. Schreibe das Thema in die Mitte eines leeren Blattes.
2. Unterteile das Thema in verschiedene Unterthemen. Lasse von der Mitte Hauptäste abgehen, die du mit den
15 Unterthemen beschriftest.
3. Zeichne an jeden Hauptast neue Seitenäste mit weiteren Stichpunkten. Hier kannst du alles notieren, was dir zu den einzelnen Teilbereichen einfällt.
20 4. Ergänze Bilder oder Symbole, die zu den Unterthemen passen und dir die Erinnerung erleichtern.

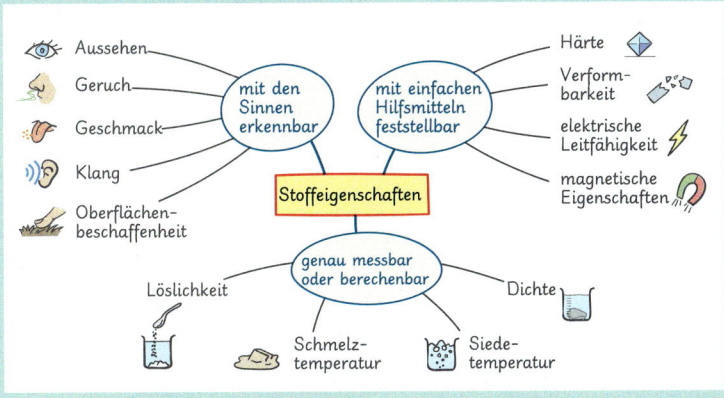

1 Sicheres Experimentieren

Seite 8/9

1 Die persönliche Schutzausrüstung findest du im Absatz (A).

2 Eine Übersicht über die Sicherheitseinrichtungen findest du in Absatz (C).

Seite 10/11

1 Die Antwort findest du auf Seite 10 im 2. Abschnitt, Das Sicherheitsetikett.

2 Lies dir auf der Infografik S. 8/9 Abschnitt A – C durch.

Seite 12/13

1 Der wichtigste Teil ist der Luftregler.

Seite 14

1 Benutze die Wortliste: Schutzbrille, lange Haare, entferne, brennbare Gegenstände, Gasregler, Luftregler, stabil, Sicherheitsschlauch, öffne, Gashahn, Sicherheitsventil, entzünde, leuchtende Flamme, nicht leuchtende Flamme, rauschende Flamme.

Seite 16/17

1 Vergleiche zur Benennung die Abbildungen.

2

a) Stelle die Materialien auf den Tisch und betrachte sie, indem du dich auf Höhe der Tischkante beugst. Zeichne die äußere Form nach.

b) Vergleiche deine Materialien mit den Abbildungen im Buch.

3 Achte besonders auf Ahmeds Antworten.

2 Stoffe und Stoffeigenschaften

Seite 22

1 Diesen Begriff benutzen wir im Alltag.

Seite 24

1 Suche nach den Begriffen im Text, um die richtige Textstelle zu finden, die dir weiterhilft: Geruch, Farbe, Geschmacksprobe, Fasse

Seite 25

1 Verwende die folgenden Wörter für deine Antwort: härter, ritzt, Ritztest, weniger

Seite 26

1 Welche Stoffe, in denen sich andere Stoffe lösen können, fallen dir ein?

2 Sieh dir den dritten Abschnitt „Nicht alles ist in Wasser löslich" genauer an.

Seite 27

1 Fasse die Versuchsanleitung von Versuch 1 zusammen und halte dich dabei an die Reihenfolge.

Seite 28

1 Erstelle eine Tabelle nach folgendem Muster:

Elektrischer Leiter	Isolator (Nichtleiter)
Eisen	Holz

2 Schreibe den Satz ab und ergänze ihn: Kunststoff hat eine schlechte _____ , deshalb wird der Kunststoffgriff nicht heiß.

Seite 31

1 Schreibe die folgende Tabelle ab. Schreibe Gemeinsamkeiten der Stoffe in die Mitte und die Unterschiede jeweils zum Stoff. Ergänze eine Spalte für Mehl.

	Kochsalz	Haushaltszucker
Farbe	. . .	. . .
Form der Kristalle	. . .	. . .
Geruch	. . .	. . .
Löslichkeit in Wasser	. . .	. . .
Farbe nach dem Erhitzen	. . .	. . .

Seite 32/33

1

a) Verwende die folgenden Wörter für deine Antwort: Stoffe, auswählen, Verwendungszweck, Eigenschaften, wichtig

2

a) Erstelle eine Tabelle nach folgendem Muster:

Vorteile von Kunststoff-Flaschen	Nachteile von Kunststoff-Flaschen
leicht	umweltschädlich, wenn sie nicht recycelt werden

3

a) Auf Seite 25 Zeile 10 wird der Test genannt.

4

a) Nimm jeweils immer nur eine Münze und teste, ob sie vom Magneten angezogen wird. Notiere deine Beobachtungen.

Seite 34/35

1 Wähle die richtigen Fachbegriffe aus: gasförmig/durchsichtig, nass/flüssig, hart/fest.

2 Wenn die Temperatur des Wassers fällt, gefriert das Wasser zu Eis, es _____ . So nennt man den Übergang von einer _____ zu einem Feststoff.
Wenn die Temperatur des Wassers steigt, verdampft das Wasser zu _____ , es wird gasförmig. So nennt man den Übergang von einer Flüssigkeit zu einem _____ .

Seite 36

1 Die Antwort findest du in den Zeilen 8 bis 15.

Seite 39

1

a) Schaue dir das rechte Bild von Material 1 an. In welchen Eigenschaften ähnelt das Modell einem richtigen Auto?

Seite 40

1 Die Antwort findest du im Merksatz.

Seite 42/43

1 Finde Beispiele in der Infografik für Feststoffe, Flüssigkeiten und Gase und sieh dir die Teilchenmodelle dazu an.

3 Stoffgemische und Trennverfahren

Seite 48

1 Die Augen spielen bei der Unterscheidung eine große Rolle.

Seite 50

1 In welchen Stoffeigenschaften unterscheiden sich Kies und Sand oder verschiedene Nüsse?

2 Mögliche Stoffeigenschaften wären: Siedetemperatur, Größe der Teilchen oder Löslichkeit. Wähle eine aus.

Seite 51

1 Lies die Überschriften auf Seite 50.

Seite 52

1 Die Namen der Glasgeräte findest du auf Seite 131.

Seite 54

1 Achte auf die Titel der Versuche.

Seite 56

1 Lies die Zeilen 14 bis 25.

Seite 59

1 Nutze die Begriffe: Salzwasser, Sonne, verdunsten, Glasfläche, kondensieren, Sammelrinne.

Seite 60/61

1

a) Der Begriff „Gegenstand" wird im Glossar erklärt.

2

a) Es sind immer zwei Bilder pro Trennverfahren abgebildet.

3

a) Es sind drei Arten von Stoffen, die eine wichtige Rolle beim Aufbau des Getränkekartons spielen.

Seite 62/63

1 Lies dir hierfür nochmals den Abschnitt C durch. Versuche bei der Erläuterung folgende Fragen zu beantworten:
– Wofür ist Recycling wichtig?
– Welche Stoffe können recycelt werden?
– Was passiert beim Recycling mit diesen Stoffen?

2 Überlege, welchen Müll du im Alltag produzierst. Gibt es für die Dinge, die du in den Müll wirfst, auch wiederverwertbare Alternativen?

4 Wasser – ein lebenswichtiger Stoff

Seite 68

1 Die Wasserarten sind fett gedruckt im ersten Abschnitt des Textes.

Seite 69

1 In kohlesäurehaltigem Mineralwasser ist ein Gas gelöst. Was passiert mit dem Gas, wenn man das Mineralwasser in der Sonne erwärmt?

Seite 70/71

1

a) Lies Alikas Brief noch einmal und überlege, was Zeit und Kraft damit zu tun haben.

2

a) Folge den Pfeilen im Bild.

3

a)

Wofür braucht man Wasser?	Verbrauch
Trinken	2 – 3 l pro Tag
Duschen	15 l pro Minute
…	…

Seite 72

1 Die Erde wird _____ genannt, da die Erdoberfläche zu 71 % mit _____ bedeckt ist. Deshalb erscheint die _____ vom Weltraum aus hauptsächlich _____ .
Nutze die folgenden Begriffe, um den Lückentext zu füllen: blauer Planet, Wasser, Erde, blau

Seite 74/75

1 Sie sind in blau, grün und orange dargestellt.

2 Ordne die Sätze den Reinigungsstufen zu: Hier werden grobe Verunreinigungen abgetrennt. Hier werden giftige oder umweltschädliche Stoffe abgetrennt. Hier helfen Kleinstlebewesen bei der Reinigung.

Seite 76/77

1 Beginne hierfür auf der linken Seite bei „Niederschläge" und bewege dich auf dem Bild gegen den Uhrzeigersinn. Beschreibe den Wasserkreislauf, indem du die abgebildeten Wörter verwendest.

2 Die „Pumpe" für den Wasserkreislauf findest du im Bild ganz oben.

Seite 78

1 Wenn man den gesuchten Stoff in Wasser löst, entsteht eine farblose Lösung.

Seite 79

1 Die Ursachen werden im zweiten Textabschnitt erläutert.

5 Brände und Brandbekämpfung

Seite 84

1 Der Mensch nutzt Feuer auf vier verschiedene Arten. Diese findest du im ersten Textabschnitt auf S. 84.

2 Einige Gefahren sind im Text in den Zeilen 15 – 28 genannt.

Seite 86/87

1 Die drei Bedingungen siehst du im Verbrennungsdreieck (Bild 3).

2 Welche Stoffe werden hier beschrieben:
Braucht man für ein Kaminfeuer: _____
Daraus sind Hefte und Bücher gemacht: _____
Damit wird ein Grill beheizt: _____
Eine Kerze besteht aus: _____
Damit fährt ein Auto: _____

3 Je stärker das Holzstück zerteilt ist, desto größer ist die Oberfläche.

Seite 88/89

1 Schaue dir die Überschriften der Seite 88 genau an.

2 Ein zugehöriger Stoff ist im Symbol der Brandklasse auf S.89 dargestellt.

Seite 90/91

1 Benutze folgende Satzanfänge für deine Fragen:
Was ist …?
Wozu dient …?
Welche Geräte …?
Wie funktioniert …?
Wofür benötigt man …?

Seite 92/93

1
a) Ordne folgende Brennstoffe richtig zu: Glas, Holz, Erdgas, Steine, Benzin, Salz
b) Benutze den folgenden Lückentext: Ein _____ wird entzündet, um Wärme und Licht zu erhalten. Wenn es außer Kontrolle gerät, nennt man das einen _____ .

2
a) Eine Aufzählung der Brennstoffe findest du jeweils im ersten Satz des Materials.

3
a) Verwende die Stichworte, um den folgenden Brand richtig zu melden: Ort: Wohnung im 1. Stock in der Musterstraße 35 in Musterstadt, Wohnzimmer brennt, weil echte Kerzen im Weihnachtsbaum waren, keine Verletzten, aber Menschen in den oberen Etagen.

Seite 94

1 Achte beim Vergleich auf die unterschiedlichen Aggregatzustände der Löschmittel.

Seite 96

1 Die Bedingungen für eine Verbrennung findest du im Branddreieck auf S.86.

Seite 97

1 Schlage den Begriff Stoffumwandlung im Glossar nach.

Seite 98

1 Die Verbrennungsprodukte werden im ersten Abschnitt des Textes auf S.98 genannt.

1 Sicheres Experimentieren

1 Zu den besonderen Sicherheitseinrichtungen im Chemie-Fachraum gehören:
- NOT-AUS-Schalter: Wenn ein NOT-AUS-Schalter gedrückt ist, werden alle Strom- und Gasleitungen unterbrochen.
- Feuerlöscher und Löschdecke: Für den Fall, dass ein Feuer ausbricht, sind ein Feuerlöscher und eine Löschdecke vorhanden.
- Augendusche: Sollte ein Spritzer ins Auge gelangen, kann mithilfe der Augendusche das Auge ausgewaschen werden.
- Erste-Hilfe-Kasten: Der Erste-Hilfe-Kasten enthält Verbandsmaterial für den Fall, dass sich beim Experimentieren jemand verletzt.

2 In einer Gefahrensituation ist es entscheidend, dass möglichst schnell gehandelt wird. Deshalb ist es wichtig, dass jeder im Fachraum die Lage des NOT-AUS-Schalters genau kennt und im Gefahrfall auch bedienen kann. Da auch die Lehrerin oder der Lehrer einen Unfall erleiden können, ist es wichtig, dass auch Schülerinnen und Schüler den NOT-AUS-Schalter kennen und bedienen können.

3 Die Laborordnung regelt das Verhalten vor, während und nach dem Experimentieren. Solche Regeln können z. B. sein: Versuchsanleitung genau durchlesen, Hinweise zu Gefahren und zur Entsorgung beachten, den Ablauf eines Versuches protokollieren, benutzte Geräte gut säubern, Abfälle ordnungsgemäß entsorgen, beschädigte Geräte melden.

4 Zu einem Versuchsprotokoll gehören folgende Angaben: Name des Protokollanten, Datum, Thema des Versuches, Material, Sicherheitsmaßnahmen, Versuchsaufbau, Versuchsanleitung, Beobachtung, Auswertung und Entsorgung.

5 Gefahrstoffe werden gekennzeichnet durch:
- Gefahrenpiktogramme: Diese geben an, zu welcher Gefahrenklasse ein Gefahrstoff gehört.
- Signalwörter: Signalwörter („Gefahr", „Achtung") geben Auskunft über den Grad der Gefährdung durch einen Stoff.
- Gefahrenhinweise: Die Gefahrenhinweise (H-Sätze) weisen auf die besonderen Gefahren beim Umgang mit einem Gefahrstoff hin.
- Sicherheitshinweise: Sicherheitshinweise (P-Sätze) geben Ratschläge für den sicheren und sachgerechten Umgang mit einem Gefahrstoff.

6 Gefahrstoffe können durch Einatmen, Verschlucken oder durch die Haut in den Körper gelangen.

7 Tinas Verhalten ist leichtsinnig. Eine normale Sehbrille verfügt nicht über Seitenklappen. Deshalb können bei einer Sehbrille Spritzer von der Seite ins Auge gelangen. Eine Sehbrille ersetzt daher keine Labor-Schutzbrille.

8
a) Bestandteile des Gasbrenners sind: Brennerrohr, Gasdüse, Einstellschraube zur Luftregulierung, Gasregulierung.

b) 1. Schutzbrille aufsetzen und lange Haare zusammenbinden, 2. am Gasbrenner die Gaszufuhr und die Luftzufuhr schließen, 3. den Sicherheitsschlauch mit dem Gashahn am Arbeitsplatz verbinden, 4. Gashahn am Arbeitsplatz öffnen, 5. Gasregler öffnen und das ausströmende Gas sofort entzünden.

9
a) Zum Erhitzen einer Flüssigkeit wählt man die nicht leuchtende Flamme.

b) In einer Experimentierpause stellt man die leuchtende Flamme ein, da diese gut zu sehen ist. In einer längeren Pause sollte der Gasbrenner jedoch ganz ausgestellt werden.

10 Zum Eindampfen einer Lösung wird eine Abdampfschale benutzt. Hält man eine heiße Abdampfschale unter kaltes Wasser, kann sie zerspringen.

11 Eine Löschdecke sollte nicht zum Löschen von Personen eingesetzt werden, da beim Andrücken der Decke brennende oder glühende Teile auf die Haut gedrückt werden. Dadurch werden weitere Brandverletzungen verursacht. Zudem bringt sich der Löschende durch die erforderliche Nähe selbst in Gefahr, Verbrennungen zu erleiden.

2 Stoffe und Stoffeigenschaften

1 Gegenstände haben eine bestimmte Form und können aus unterschiedlichen Materialien bestehen. Diese Materialien nennt man in der Chemie Stoffe. In der Tabelle sind Beispiele aufgeführt:

Gegenstand	Stoff
Teller	Porzellan
Flasche	Glas
Löffel	Silber

2 Messbare Stoffeigenschaften sind:
– Schmelztemperatur
– Siedetemperatur
– Dichte
Nicht messbare Stoffeigenschaften sind z. B.:
– Farbe
– Geruch
– Geschmack
– Aggregatzustand
– Glanz
– Oberflächenbeschaffenheit
– Verformbarkeit
– magnetische Eigenschaften

3
a) Kupfer, Silber, Gold, Blei und Eisen sind Beispiele für Metalle.
b) Kupfer eignet sich für Stromkabel, da Kupfer eine gute elektrische Leitfähigkeit besitzt. Kupfer ist außerdem gut verformbar. Deshalb wird es für Wasserleitungen genutzt, die man so beim Verlegen den Räumen eines Hauses anpassen kann. Silber ist wegen seines Glanzes schön anzusehen und hat wegen seiner Seltenheit und Haltbarkeit einen hohen Wert. Es lässt sich wegen seiner Verformbarkeit gut verarbeiten, beispielsweise zu Schmuck. Blei ist sehr weich und gut verformbar. Deshalb eignet es sich, um Ritzen zu verschließen, die bei Dachabdeckungen z. B. rund um einen Kamin entstehen. Die Bleche können jeder Form leicht angepasst werden.

4 Um Kochsalz von Zucker zu unterscheiden, muss man sich mit einer Lupe die Kristalle der beiden Stoffe genau ansehen. Kochsalz und Zucker unterscheiden sich in ihrer Kristallform.

5
a) Wenn Wasserdampf unter 100 °C abgekühlt wird, geht er vom gasförmigen in den flüssigen Aggregatzustand über. Der Wasserdampf kondensiert.
b) Wachs schmilzt zunächst und wird flüssig. Wird es weiter erhitzt, verdampft das flüssige Wachs.

6

Leiter	Nichtleiter
Eisen	Holz
Kupfer	Gummi
Gold	Wachs
	Glas

7 Es gibt zwei Arten von Leitfähigkeit: die elektrische Leitfähigkeit und die Wärmeleitfähigkeit. Deshalb ist der Begriff Leitfähigkeit allein nicht eindeutig.

8
a) Die Bewegung der Wasserteilchen nimmt durch das Erhitzen so stark zu, dass sich der Abstand zwischen den Teilchen stark vergrößert. Die Teilchen verlassen schließlich die Flüssigkeit und entweichen in die Umgebung: Die Flüssigkeit wird gasförmig.
b) Die Bewegung der Blei-Teilchen wird durch das Abkühlen geringer. Dadurch rücken die Teilchen näher.
c) Die Kochsalz-Teilchen lösen sich voneinander und verteilen sich durch die Bewegung der Teilchen zwischen den Wasser-Teilchen. Nach einer Weile entsteht eine gleichmäßige Verteilung aller Kochsalz-Teilchen im Wasser.

9 Teller aus unterschiedlichen Stoffen haben folgende Vor- und Nachteile:

Stoff	Vorteile	Nachteile
Porzellan, Glas	leicht zu reinigen, glatte Oberfläche	zerbrechlich
Metall, Holz	unzerbrechlich	nicht kratzfest
Kunststoff	leicht, kaum zerbrechlich	nicht kratzfest
Pappe	preiswert, leicht	nicht haltbar, schwer zu reinigen

10 – Ein Globus ist ein Modell der Erde. Er ist sehr viel kleiner als die Erde in Wirklichkeit. Auch das Material des Globus stimmt nicht mit der Wirklichkeit überein.
– Das Modell eines Auges hilft dir, den Aufbau des Auges zu verstehen. Das Modell ist größer als das Auge eines Menschen, damit man auch kleine Dinge gut erkennen kann. Außerdem besteht das Modell im Gegensatz zum Original aus Kunststoff. Es gibt noch viele weitere Modelle von Organen des Körpers.
– Das Teilchenmodell verwendet man in der Chemie und in der Physik, um einige Eigenschaften der Stoffe besser verstehen zu können. Wir stellen uns die Teilchen kugelförmig vor. Man kann aber nicht alle Phänomene mit diesem Modell erklären.

11 Kunststoff wird besonders gern für Flaschen und andere Verpackungen verwendet. Kunststoff geht nicht so leicht kaputt und ist leicht. Deshalb werden bei Ausflügen besonders gern Kunststoff-Flaschen verwendet. Man muss weniger Gewicht tragen. Außerdem ist Kunststoff durchsichtig. So kann man erkennen, was in der Flasche drin ist. Kunststoff ist auch gut abwaschbar und kann so immer wiederverwendet werden.

12 Man sollte ein Auto im Sommer nicht randvoll betanken, weil sich Flüssigkeiten ausdehnen, wenn sie erwärmt werden. Für den Tank des Pkw bedeutet das: Das kalte Benzin wird erwärmt und dehnt sich im Tank aus. Es läuft dann aus dem Tank heraus.

3 Stoffgemische und Trennverfahren

1 Ein Reinstoff besteht nur aus einem einzigen Stoff. Stoffgemische enthalten mindestens zwei Reinstoffe.

2

Reinstoff	Stoffgemisch
Aluminium	Inhalt einer Tütensuppe
Traubenzucker	Leitungswasser
Eisen	Luft
	Waschpulver

3 Beim Filtrieren nutzt man die Größe der Bestandteile aus. Große Bestandteile kommen nicht durch die Poren des Filterpapiers und bleiben im Filter hängen. Die kleineren Bestandteile fließen durch die Poren durch.

4 Verwendungsmöglichkeiten von Filtern im Alltag sind beispielsweise:
– Papierfiltertüten in Kaffeemaschinen
– Papierfiltertüten zur Teezubereitung

– fertige Teebeutel zur Teezubereitung
– Filter in Aquarien und Gartenteichen
– Filter in Dunstabzugshauben

5 Meerwasser wird in großen, mit Glas überdachten Anlagen von der Sonne erwärmt. Das Wasser verdunstet und kondensiert an den kühleren Glasflächen. Diesen Vorgang bezeichnet man als Destillation. Von den Glasflächen fließt das kondensierte Wasser in Sammelrinnen zusammen. Das Salz bleibt im restlichen Meerwasser zurück. Damit man das so gewonnene, reine Wasser als Trinkwasser nutzen kann, müssen ihm noch geringe Mengen an Mineralsalzen zugegeben werden.

6 Wenn es regnet, wirbeln die Regentropfen Sand und Schmutzteilchen auf. Das Wasser in der Pfütze ist deshalb trüb. Es hat sich eine Suspension gebildet. Hat der Regen aufgehört, so setzen sich die Feststoff-Teilchen wieder am Boden der Pfütze ab. Sie sedimentieren. Das Wasser sieht nun klar aus.

7 Man erhitzt das Zuckerwasser vorsichtig. Dabei verdampft das Wasser, der Zucker bleibt zurück. Dieses Trennverfahren heißt Eindampfen. Allerdings darf die Temperatur nicht zu hoch gewählt werden, da sich sonst der Zucker zersetzt.

8 Schritt 1: Das Eisenpulver wird mit einem Magneten aus dem Gemisch herausgezogen.
Schritt 2: Das Restgemisch wird in Wasser gegeben. Kochsalz löst sich auf, der Seesand setzt sich am Boden ab und das Sägemehl schwimmt an der Oberfläche.

Schritt 3: Das Sägemehl wird mit einem Löffel abgeschöpft.
Schritt 4: Die Kochsalz-Lösung wird von dem Seesand vorsichtig dekantiert oder durch einen Filter gegeben.
Schritt 5: Die Kochsalz-Lösung wird eingedampft.

9
a) Orangen-Öl kann einerseits durch Kaltpressen der fein abgeschnittenen Orangenschalen gewonnen werden. Dabei nutzt man die unterschiedliche Größe der festen und flüssigen Bestandteile. Eine zweite Möglichkeit ist, das Orangen-Öl mit einem geeigneten Lösungsmittel aus den Orangenschalen herauszulösen (extrahieren). Die Trenneigenschaft ist also die unterschiedliche Löslichkeit des Öls und der übrigen Schalenbestandteile. Nach der Extraktion wird das Lösungsmittel durch vorsichtige Destillation wieder abgetrennt (Trenneigenschaft: Siedetemperatur).
b) Küchendünste werden in einer Dunstabzugshaube mit Aktivkohlefiltern durch Adsorption gereinigt. Die Küchendünste haften an der großen Oberfläche der Aktivkohle, die Luftteilchen dagegen nicht. Die Trenneigenschaft ist also die Haftfähigkeit der Teilchen.
c) Zunächst werden Geschmacksstoffe und Farbstoffe mithilfe des heißen Wassers aus dem Kaffeepulver gelöst. Dies nennt man Extraktion (Trenneigenschaft: Löslichkeit). Das Wasser ist nun eine Lösung, die Geschmacksstoffe und Farbstoffe enthält. Diese Lösung tropft durch den Papierfilter, während das Kaffeepulver als Rückstand im Filter bleibt. Bei der Filtration nutzt man die unterschiedliche Größe der Teilchen.

10 Gründe für die Notwendigkeit der Mülltrennung:
- Rohstoff-Reserven werden geschont.
- Es werden weniger Mülldeponien benötigt.
- Das Recycling benötigt weniger Energie als die Neuherstellung, beispielsweise bei Aluminium.
- Es werden teilweise weniger schädliche Abgase produziert.

11 Der Liebigkühler ist ein Teil einer Destillationsapparatur. Im Liebigkühler kondensiert der Dampf, der beim Destillieren entsteht. Dazu wird der Dampf durch ein Kondensationsrohr geleitet, das von einem Kühlmantel umgeben ist. Im Kühlmantel strömt kaltes Wasser in umgekehrter Richtung dem heißen Dampf entgegen. So kommt der Dampf mit einer immer kühler werdenden Glaswand in Berührung. Der Liebigkühler kann auf diese Weise besonders wirksam kühlen.

4 Wasser – ein lebenswichtiger Stoff

1 Der zentrale Begriff lautet: Wasserkreislauf.

2 Festes Wasser: Eis (Hagel, Schnee, Graupel)
Gasförmiges Wasser: Wasserdampf

3 Das Wasserwerk ist für die Wasserversorgung zuständig. Das Wasserwerk gewinnt das Wasser, bereitet es auf, speichert es und verteilt es.

4 Trinkwasser wird in Deutschland meist aus Quellwasser, Grundwasser und Oberflächenwasser (z. B. Wasser aus Talsperren oder Flüssen) gewonnen.

5 Man tropft von der Flüssigkeit etwas auf Watesmo-Papier. Färbt sich das Papier von weiß nach blau, handelt es sich um Wasser.

6 Von den Ozeanen, den Flüssen und den Seen verdunstet durch die Sonnenenergie ständig ein Teil des Wassers zu Wasserdampf. Weil dieser leichter ist als Luft, steigt er nach oben in die Atmosphäre. Dort ist es kälter als auf der Erde, deshalb kühlt der Wasserdampf ab und kondensiert. Dabei entstehen Wolken. Wenn die Wolken mit Wasser gesättigt sind, kommt es zu Niederschlägen (Regen): Das Wasser fällt zur Erde zurück.

7 Nur 3 von 100 Teilen des Weltwassers sind Süßwasser, der Rest ist nicht trinkbares Salzwasser. Von den 3 Teilen Süßwasser ist jedoch nur 1 Teil flüssig und als Trinkwasser nutzbar, der Rest ist als Eis am Nord- und Südpol gefroren.

8 Trinkwasser enthält Mineralsalze, die für uns wichtig sind. Daher ist es kein Reinstoff.

9

a) Die Aussage ist richtig. Die Sonne erwärmt das Wasser, sodass es verdunstet. Die Sonne liefert also die Energie, damit aus flüssigem Wasser gasförmiges Wasser gebildet werden kann, aus dem sich dann die Wolken bilden.

b) Die Aussage ist richtig. Beim Nebel schweben sehr feine Wassertröpfchen in der Luft.

c) Die Aussage ist falsch. Wenn es regnet, nehmen die Wassertropfen Luft und Staub auf. Außerdem kann Regenwasser auch Schmutz aus dem Auffanggefäß enthalten, z. B. aus einer Regentonne.

d) Die Aussage ist richtig. Im (tropischen) Regenwald regnet es sehr häufig, in einigen Gebieten fast jeden Tag.
Ein großer Teil des Regens verdunstet, sodass die Luft sehr viel Wasser enthält. In der Arktis ist ein großer Teil des Wassers zu Eis gefroren. Die Luft enthält deshalb weniger Wasser. (Zusätzlich kann warme Luft mehr Wasserdampf aufnehmen als kalte Luft.)

10 Bei der Flockungsfiltration werden dem Abwasser Fällungsmittel zugesetzt. Diese bilden mit den Verunreinigungen unlösliche Flocken. Die Flocken werden durch Filter zurückgehalten. Das Abwasser wird so von krank machenden Keimen befreit.

5 Brände und Brandbekämpfung

1 Für das Entstehen eines Feuers müssen drei Bedingungen erfüllt sein. Erstens muss ein brennbarer Stoff vorhanden sein. Zweitens muss der brennbare Stoff entzündet werden. Dies geschieht, wenn seine Entzündungstemperatur erreicht wird. Drittens muss genügend Luft und damit Sauerstoff vorhanden sein, damit der brennbare Stoff brennen kann.

2 Eisennagel – Eisenwolle – Eisenpulver

3 Flammen sind brennende Gase. Wird ein Stoff erwärmt, zum Beispiel das Wachs einer Kerze, verändert sich der Aggregatzustand des Stoffes von fest zu flüssig. Beim Erreichen der Siedetemperatur wird der Stoff gasförmig, sodass brennbare Gase entstehen. Diese Gase können entzündet werden.

4 In folgenden Situationen kann es zu einem Brand kommen:
- Man lässt eine Kerze unbeaufsichtigt brennen. Wenn die Kerze fast heruntergebrannt ist, kann sie andere Gegenstände in der Nähe entzünden und so einen Brand auslösen.
- Man nutzt Elektrogeräte mit kaputten Kabeln. Es können sich Funken bilden, die einen Brand auslösen.
- Man erhitzt Fett zu stark auf einem Herd. Es kann zu einem Fettbrand kommen.

5 Bei einer Brandmeldung solltest du möglichst ruhig und deutlich sprechen. Nachdem du deinen Namen genannt hast, sagst du zuerst, wo es brennt und was brennt. Möglicherweise kannst du auch Angaben über Verletzte machen und über die Art der Verletzungen. Auf jeden Fall musst du auf Rückfragen warten.

6 Kohlenstoffdioxid kann man mit Kalkwasser nachweisen. Dazu fängt man Verbrennungsgase eines Stoffes mithilfe eines umgedrehten Erlenmeyerkolbens auf und verschließt ihn mit einem Gummistopfen. Nach dem Abkühlen des Erlenmeyerkolbens gibt man etwas Kalkwasser dazu und schüttelt kräftig. Ist das Kalkwasser milchig-trüb geworden, ist das der Nachweis für Kohlenstoffdioxid.

7

Erwünschte Verbrennungen	Unerwünschte Verbrennungen
Lagerfeuer zur Erzeugung von Wärme und Licht und zum Essen garen	Gebäudebrand, z. B. durch Blitzschlag, defekte elektrische Geräte oder Leichtsinn
Verbrennungen in Motoren zur Erzeugung von Bewegungsenergie	Waldbrand
Verbrennungen in Kohlekraftwerken zur Erzeugung von elektrischer Energie	
Schmiedefeuer zum Erweichen und Verarbeiten von Eisen	

8 Das Reagenzglas wird durch die Brennerflamme immer heißer. Irgendwann ist es so heiß, dass die Entzündungstemperatur des Streichholzes erreicht ist und das Streichholz sich entzündet. Der Versuch zeigt, dass zum Entzünden eines brennbaren Stoffes dessen Entzündungstemperatur entscheidend ist und nicht der Kontakt mit einer offenen Flamme.

9 Ein Feuer löscht man, indem man ihm eine der drei Bedingungen für eine Verbrennung entzieht. Diese drei Bedingungen sind Luft (Sauerstoff), ein brennbarer Stoff und die Entzündungstemperatur, was man dem Verbrennungsdreieck entnehmen kann.
Die Luftzufuhr unterbricht man bei einem Feuer z. B. mit Löschpulver aus einem Feuerlöscher. Das Feuer wird dadurch erstickt. Der brennbare Stoff kann dem Feuer beispielsweise durch Schneisen entzogen

werden: Bei einem Waldbrand kann das Feuer durch den fehlenden brennbaren Stoff in der Schneise nicht auf das nächste Waldstück übergreifen.
Das Abkühlen unter die Entzündungstemperatur kann mit Wasser als Löschmittel geschehen: Wasser senkt die Temperatur unter die Entzündungstemperatur des brennbaren Stoffes, und das Feuer erlischt.

10 Bei Autobränden kann flüssiges Benzin oder Dieselkraftstoff in Brand geraten. Wasser ist besonders zum Löschen von Feststoffen geeignet. Schaumlöscher sind sowohl zum Löschen von Flüssigkeiten als auch Feststoffen geeignet und daher erste Wahl beim Löschen eines Autobrandes.

11 Die Verbrennung von Benzin ist eine Stoffumwandlung. Benzin und Sauerstoff sind die Ausgangsstoffe der Stoffumwandlung. Benzin ist flüssig und hat einen intensiven, charakteristischen Geruch. Die Produkte der Stoffumwandlung sind Wasserdampf und Kohlenstoffdioxid. Kohlenstoffdioxid ist gasförmig und geruchslos. Auch Wasser ist geruchslos. Das Wasser kann flüssig oder als Wasserdampf in der Luft verteilt vorliegen.

12 Die beste Methode zum Löschen eines Fettbrandes ist das Unterbrechen der Luftzufuhr. In der Küche wird man sich dafür einen entsprechend großen Topfdeckel nehmen und zügig auf die Pfanne mit dem brennenden Fett legen. Dadurch wird der Fettbrand erstickt. Hat man einen solchen Deckel nicht zur Hand, könnte man den Brand auch mit Sand oder Kochsalz zum Ersticken bringen.

13 Zur Brandklasse B gehören flüssige oder flüssig werdende Stoffe wie Alkohol und Benzin. Brennendes Benzin würde aber auf dem Löschwasser schwimmen. Dadurch könnte sich der Brand sogar noch weiter ausbreiten.

14 Flammen sind brennende Gase oder Dämpfe. In einer Kerzenflamme verbrennt Wachsdampf, also gasförmiges Wachs. Es wird aus dem festen bzw. geschmolzenen Wachs immer wieder neu gebildet. Dafür sorgt die hohe Temperatur in der Flamme. Kupfer ist ein sehr guter Wärmeleiter. Stülpt man eine Kupferwendel, die etwa den Durchmesser der Kerzenflamme hat, über die Flamme, so wird sehr viel Wärme über das Kupfer abgeleitet. Dadurch wird die Temperatur des gasförmigen Wachses unter seine Entzündungstemperatur abgesenkt. Die Flamme erlischt. Nach kurzer Zeit wird auch das Wachs fest.

15 Am Anfang liegt das Wachs der Kerze (Brennstoff) im festen Aggregatzustand vor. Wird die Kerze entzündet, geht das feste Wachs zunächst in den flüssigen und dann am Dochtende in den gasförmigen Aggregatzustand über. Dort verbrennt dann das gasförmige Wachs. Es findet eine Stoffumwandlung statt. Aus dem Edukt Kerzenwachs entstehen die beiden Produkte Kohlenstoffdioxid und Wasser. Bei diesem Vorgang wird Energie in Form von Licht und Wärme frei.

16 Man muss die Verbrennungsprodukte in einem kleinen Erlenmeyerkolben oder Reagenzglas auffangen. Danach kann man mit Kalkwasser prüfen, ob Kohlenstoffdioxid entstanden ist. Ob es sich bei den am Glasrand entstandenen Tröpfchen um Wasser handelt, kann man mit Watesmo-Papier prüfen.

Aggregatzustand, der
beschreibt, ob ein Stoff fest, flüssig oder gasförmig ist

Auslesen, das
Trennverfahren, bei dem feste Stoffe nach Kriterien wie Aussehen getrennt werden

Brand, der
Feuer, das sich unkontrolliert ausbreitet und Schäden verursacht

Brennstoff, der
Brennbarer Stoff, der zur Freisetzung von Energie wie z. B. Wärme genutzt wird

Chemikalie, die
Stoff, der in einem Labor hergestellt wird und den man für Versuche benötigt

Dekantieren, das
Trennverfahren; Abgießen einer überstehenden Flüssigkeit über einem Bodensatz

Destillation, die
Trennverfahren für Stoffe mit unterschiedlichen Siedepunkten

Eindampfen, das
Trennverfahren, bei dem gelöste Stoffe von einer Flüssigkeit getrennt werden

Elektrische Leiter, der
Stoffe, die den elektrischen Strom leiten

Entzündungstemperatur, die
Temperatur, bei der sich ein Stoff entzündet

Erstarren, das
Änderung des Aggregatzustandes von flüssig zu fest

Fettbrand, der
Besondere Art eine Brandes, der durch brennendes Fett ausgelöst wird

Filter, der
Hält Feststoffe aus einer Flüssigkeit zurück

Filtrieren, das
Trennverfahren, bei dem Feststoffe durch einen Filter von einer Flüssigkeit getrennt werden

Gasbrenner, der
Laborgerät zum Erhitzen

Gefahrenpiktogramm, das
Symbol, das über die Gefahren eines Stoffes informiert

Gefahrstoff, der
Stoff oder Stoffgemisch, von dem eine Gefahr für Mensch und Umwelt ausgeht

Gegenstand, der
Ding oder Objekt, z. B. ein Teller

Grundwasser, das
Wasser, welches sich unter der Erdoberfläche befindet

Härte, die
gibt an, wie fest ein Stoff ist

Kalkwasser, das
Nachweismittel für Kohlenstoffdioxid

Kläranlage, die
In einer Kläranlage wird Abwasser gereinigt.

Kohlenstoffdioxid, das
nicht brennbares, farbloses Gas. Es entsteht bei Verbrennungen und der Atmung.

Kondensieren, das
Änderung des Aggregatzustandes von gasförmig zu flüssig

Kristallform, die
räumliche, geometrische Form eines Kristalls, z. B. Würfel

Leitfähigkeit, die
die Fähigkeit eines Stoffes, Energie wie Wärme oder Strom weiterzuleiten

Löslichkeit, die
beschreibt, wie viel eines Stoffes sich in einem anderen Stoff auflöst

Lösungsmittel, das
Stoff, in dem sich andere Stoffe lösen

Modell, das
vereinfachtes Abbild der Wirklichkeit

Physikalischer Vorgang, der
Änderung des Aggregatzustandes eines Stoffes. Es bilden sich keine neuen Stoffe.

Quellwasser, das
Grundwasser, welches aus einer Quelle wieder an die Erdoberfläche kommt

Reinstoff, der
besteht nur aus einer Teilchenart

Schmelzen, das
Änderung des Aggregatzustandes von fest zu flüssig

Schmelztemperatur, die
Temperatur, bei der ein Feststoff flüssig wird, also schmilzt

Sedimentieren, das
Trennverfahren, bei dem sich ein Feststoff von einer Flüssigkeit absetzt.

Siedetemperatur, die
Temperatur, bei der eine Flüssigkeit gasförmig wird, also verdampft

Stoff, der
naturwissenschaftlicher Begriff für Material

Stoffeigenschaft, die
Stoffspezifische Größe, die einen Reinstoff kennzeichnet

Stoffgemisch, das
Gemisch, das verschiedene Bestandteile (Stoffe) enthält

Stoffumwandlung, die
Umwandlung eines Stoffes in neue Stoffe mit neuen Eigenschaften

Teilchenmodell, das
Modell für die kleinsten Teilchen, mit dem man die meisten Eigenschaften von Stoffen erklären kann

Verbrennung, die
Stoffumwandlung unter Abgabe von Wärme und Licht

Verdampfen, das
Änderung des Aggregatzustandes von flüssig zu gasförmig bei Siedetemperatur

Verdunsten, das
Änderung des Aggregatzustandes von flüssig zu gasförmig unter Siedetemperatur

Wärmeleitfähigkeit, die
Fähigkeit eines Stoffes, Wärme zu leiten

Watesmo-Papier, das
Nachweismittel für Wasser. Watesmo-Papier verfärbt sich blau, wenn es mit Wasser in Berührung kommt.

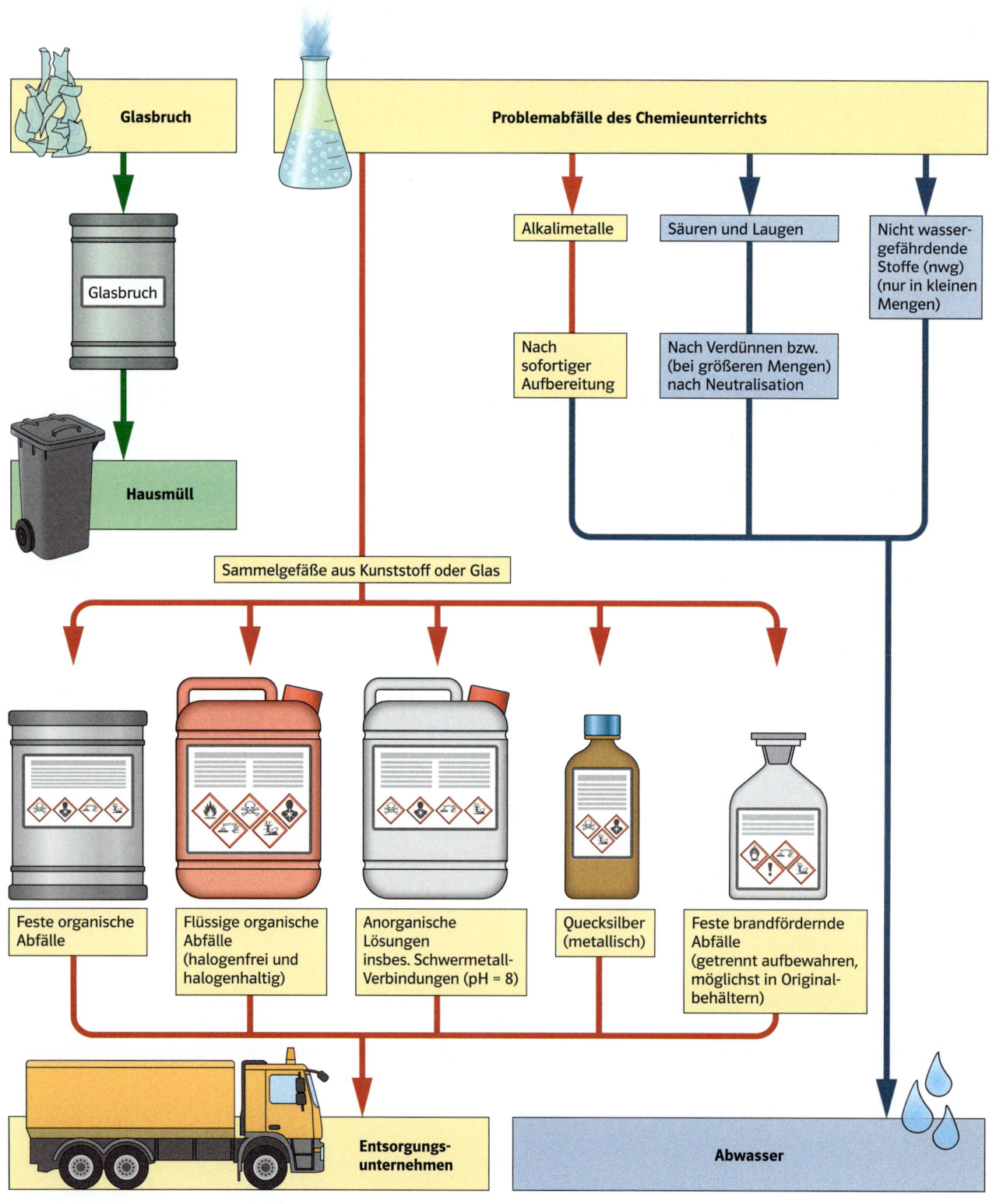

Glasbruch

Problemabfälle des Chemieunterrichts

Glasbruch

Hausmüll

Alkalimetalle

Säuren und Laugen

Nicht wasser-
gefährdende
Stoffe (nwg)
(nur in kleinen
Mengen)

Nach
sofortiger
Aufbereitung

Nach Verdünnen bzw.
(bei größeren Mengen)
nach Neutralisation

Sammelgefäße aus Kunststoff oder Glas

Feste organische
Abfälle

Flüssige organische
Abfälle
(halogenfrei und
halogenhaltig)

Anorganische
Lösungen
insbes. Schwermetall-
Verbindungen (pH = 8)

Quecksilber
(metallisch)

Feste brandfördernde
Abfälle
(getrennt aufbewahren,
möglichst in Original-
behältern)

**Entsorgungs-
unternehmen**

Abwasser

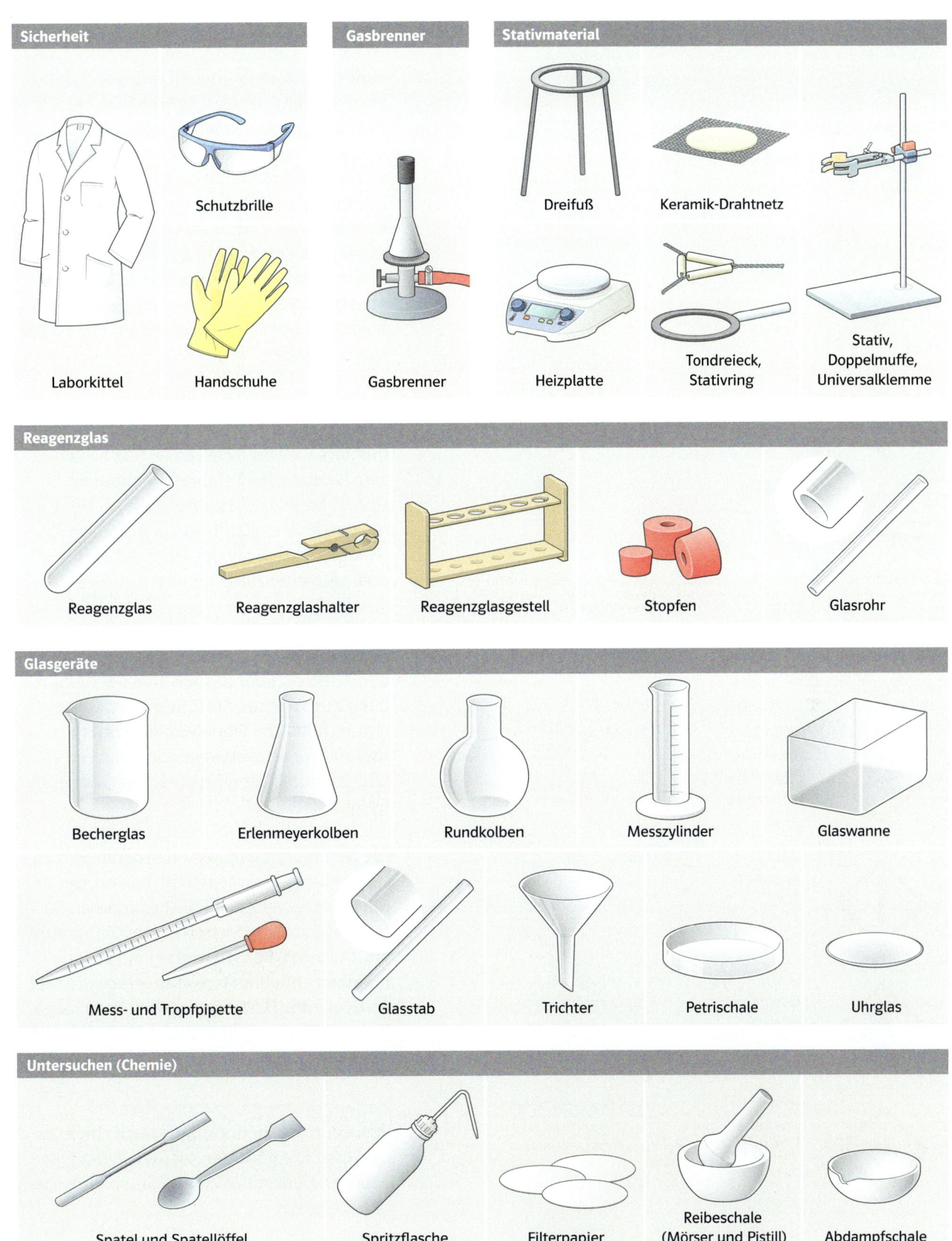

Sicherheit

Schutzbrille

Laborkittel   Handschuhe

Gasbrenner

Gasbrenner

Stativmaterial

Dreifuß   Keramik-Drahtnetz

Heizplatte   Tondreieck, Stativring   Stativ, Doppelmuffe, Universalklemme

Reagenzglas

Reagenzglas   Reagenzglashalter   Reagenzglasgestell   Stopfen   Glasrohr

Glasgeräte

Becherglas   Erlenmeyerkolben   Rundkolben   Messzylinder   Glaswanne

Mess- und Tropfpipette   Glasstab   Trichter   Petrischale   Uhrglas

Untersuchen (Chemie)

Spatel und Spatellöffel   Spritzflasche   Filterpapier   Reibeschale (Mörser und Pistill)   Abdampfschale

131

Piktogramm	Bezeichnung	Gefahrenklasse
	GHS01 (Explodierende Bombe)	– Explosive Stoffe – Selbstzersetzliche Stoffe – …
	GHS02 (Flamme)	– Entzündbare Flüssigkeiten – Entzündbare Gase – …
	GHS03 (Flamme über einem Kreis)	– Entzündend wirkende Flüssigkeiten und Feststoffe – Entzündend wirkende Gase
	GHS04 (Gasflasche)	– Unter Druck stehende Gase
	GHS05 (Ätzwirkung)	– Metallkorrosiv – Hautätzend – Hautreizend – …
	GHS06 (Totenkopf mit gekreuzten Knochen)	– Akute Toxizität
	GHS07 (Ausrufezeichen)	– Hautreizend – Augenreizend – Sensibilisierung der Haut – …
	GHS08 (Gesundheitsgefahr)	– Krebserzeugend – Erbgutverändernd – …
	GHS09 (Umwelt)	– Gewässergefährdend

1 Gefahrensymbole und ihre Bedeutung

Viele Chemikalien sind mit farbigen Symbolen auf ihren Etiketten gekennzeichnet. Diese Symbole werden **Gefahrenpiktogramme** genannt (▷ B 1). Stoffe mit einer solchen Kennzeichnung sind Gefahrstoffe, mit denen man besonders vorsichtig umgehen muss. Sie können durch Einatmen, Verschlucken oder sogar durch die Haut in den Körper gelangen. Informationen zu den Gefahrstoffen kann man beispielsweise in der GESTIS-Stoffdatenbank der Deutschen Gesetzlichen Unfallversicherung finden.

Die Gefahrenpiktogramme

Ein Gefahrenpiktogramm umfasst häufig mehrere Gefahrenklassen (▷ B 1). So kann zum Beispiel das Gefahrenpiktogramm GHS 05 bedeuten, dass der Stoff zur Gefahrenklasse „Metallkorrosiv", „Hautreizend", „Hautätzend", „Schwere Augenschädigung" oder „Augenreizung" gehört.

Signalwörter, H- und P-Sätze

Signalwörter auf dem Chemikalienetikett geben Auskunft über das Ausmaß der Gefährdung durch diesen Stoff. Es gibt zwei unterschiedliche Signalwörter, nämlich „Gefahr" für schwerwiegende Gefahren und „Achtung" für weniger schwerwiegende Gefahren:

Die **Gefahrenhinweise** sind in den **H-Sätzen** zusammengefasst (englisch: hazard, Gefahr). Die H-Sätze weisen auf die besonderen Gefahren beim Umgang mit einem Gefahrstoff hin. Die **Sicherheitshinweise** sind in den **P-Sätzen** enthalten (englisch: precautionary, vorbeugend). Die P-Sätze geben Ratschläge für den sicheren und sachgerechten Umgang mit einem Gefahrstoff.

Entsorgung von Gefahrstoffen

Reste von Gefahrstoffen, die nach einem Experiment übrig bleiben, werden in dafür vorgesehene, gekennzeichnete Entsorgungsgefäße gegeben.

U1.1 plainpicture GmbH & Co. KG (Danel), Hamburg; **U1.2** Avenue Images GmbH (Katja Kircher/Maskot/Avenue), Hamburg; **U2.1** plainpicture GmbH & Co. KG (DEEPOL), Hamburg; **2.1** Getty Images Plus (E+/Bartolome Ozonas), München; **2.2** plainpicture GmbH & Co. KG (DEEPOL/Sigrid Gombert), Hamburg; **3.1** Getty Images (Ann Cutting), München; **4.1** plainpicture GmbH & Co. KG (Design Pics/ Brian Summers), Hamburg; **4.2** plainpicture GmbH & Co. KG (DEEPOL/Hans Berggren), Hamburg; **5.1** Getty Images (foap/Barb Nokay), München; **6.1** Getty Images Plus (DigitalVision/Ableimages), München; **6.2** Getty Images Plus (Stockbyte/Stephen Derr), München; **7.1** Getty Images (Photographer's Choice RF/Steve smith), München; **7.2** plainpicture GmbH & Co. KG (harry + lidy), Hamburg; **11.2** Klett-Archiv (Sonja Beyer), Stuttgart; **15.1** ShutterStock.com RF (Ventura), New York, NY; **15.2** stock.adobe.com (Gekon), Dublin; **16.1** Getty Images (Westend61), München; **16.2** plainpicture GmbH & Co. KG (Cavan Images/Gregory Miller), Hamburg; **16.3** stock.adobe.com (sveta), Dublin; **16.4** By Simon A. Eugster - Own work, CC BY-SA 3.0, https://commons.wikimedia.org/w/index.php?curid=7496195, siehe *3; **16.5** ShutterStock.com RF (Rabbitmindphoto), New York, NY; **16.6** Getty Images (OJO Images), München; **16.7** Getty Images Plus (studiocasper/ iStock), München; **16.8** ShutterStock.com RF (rzstudio), New York, NY; **16.9** ShutterStock.com RF (Catalin Rusnac), New York, NY; **17.1** KOMA AMOK ®, Stuttgart; **19.1** Getty Images Plus (Michał Chodyra), München; **20.1** plainpicture GmbH & Co. KG (Lubitz + Dorner), Hamburg; **20.2** Getty Images (Moment/Ernesto r. Ageitos), München; **21.1** plainpicture GmbH & Co. KG (Ableimages/David Harrigan), Hamburg; **21.2** Getty Images (EyeEm), München; **21.3** Getty Images (Tetra images), München; **22.1** Klett-Archiv (Sonja Beyer), Stuttgart; **22.2** ShutterStock.com RF (Africa Studio), New York, NY; **24.1** plainpicture GmbH & Co. KG (Elektrons 08), Hamburg; **25.1** stock.adobe.com (suthisak), Dublin; **25.2** ShutterStock.com RF (anastasiya adamovich), New York, NY; **26.1** ShutterStock.com RF (Daniel Taeger), New York, NY; **26.2** ShutterStock.com RF (Dotta 2), New York, NY; **27.2** Seilnacht, Thomas (Thomas Seilnacht), Bern; **28.1** ShutterStock.com RF (Luis Santos), New York, NY; **28.2** ShutterStock.com RF (Smoczyslaw), New York, NY; **29.1** ShutterStock.com RF (AlyssaV), New York, NY; **30.1** Klett-Archiv, Stuttgart; **32.1** Getty Images Plus (PeopleImages/E+), München; **32.3** plainpicture GmbH & Co. KG (Gianna Schade), Hamburg; **32.4** Alamy stock photo (Sergejs Rahunoks), Abingdon, Oxon; **34.1** ShutterStock.com RF (Fred Hendriks), New York, NY; **34.2** ShutterStock.com RF (Valerii_M), New York, NY; **34.3** Zuckerfabrik Fotodesign, Stuttgart; **34.3** ShutterStock. com RF (Quick Shot), New York, NY; **34.5** Zuckerfabrik Fotodesign, Stuttgart; **34.6** Zuckerfabrik Fotodesign, Stuttgart; **38.1** ShutterStock. com RF (Onishchenko Natalya), New York, NY; **38.2** stock.adobe.com (Nuvola), Dublin; **38.3** Klett-Archiv, Stuttgart; **39.1** plainpicture GmbH & Co. KG (Iris Friedrich), Hamburg; **39.2** plainpicture GmbH & Co. KG (Siegfried Kuttig), Hamburg; **39.3** Daimler AG, Stuttgart; **41.1** akg-images (Sotheby's), Berlin; **45.2** stock.adobe.com (mpix-foto), Dublin; **46.1** plainpicture GmbH & Co. KG (Jasmin Sander), Hamburg; **46.2** Getty Images (Photolibrary), München; **47.1** plainpicture GmbH & Co. KG (Kai Nissen), Hamburg; **47.2** plainpicture GmbH & Co. KG (DEEPOL/Trevor Adeline), Hamburg; **48.1** ShutterStock.com RF (Rohit Seth), New York, NY; **48.2** ShutterStock.com RF (thumb), New York, NY; **49.2** ShutterStock.com RF (RF /Natthawat Wongrat), New York, NY; **49.3** Thinkstock (Hemera), München; **49.4** iStockphoto (Vasko Miokovic), Calgary, Alberta; **50.1** ShutterStock.com RF (Kletr), New York, NY; **50.2** Fotolia.com (Wolfgang Jargstorff), New York; **51.2** stock.adobe.com (manyakotic), Dublin; **53.2** Okapia (Jeff Foott), Frankfurt; **55.1** stock.adobe.com (Daniel Ernst), Dublin; **55.2** Picture-Alliance (Jens Wolf/dpa), Frankfurt; **56.2** Klett-Archiv,

Stuttgart; **60.1** stock.adobe.com (Nik), Dublin; **60.2** plainpicture GmbH & Co. KG (Cavan Images), Hamburg; **60.3** Getty Images Plus (MichaelDeLeon/E+), München; **60.4** plainpicture GmbH & Co. KG (Runar Lind), Hamburg; **60.5** stock.adobe.com (Agence DER), Dublin; **60.6** Getty Images (imageBROKER), München; **60.7** Getty Images (Foodcollection), München; **65.3** www.panthermedia.net, München; **66.1** Getty Images Plus (E+/PeopleImages), München; **66.2** plainpicture GmbH & Co. KG (Deepol/Susanne Björkman), Hamburg; **67.1** Getty Images Plus (E+/ollo), München; **67.2** Getty Images (Stone), München; **67.3** plainpicture GmbH & Co. KG (DEEPOL/Tom Chance), Hamburg; **68.1** Fotolia.com (Udo Werner), New York; **68.2** Zuckerfabrik Fotodesign, Stuttgart; **70.1** stock.adobe.com (Dennis), Dublin; **71.1** plainpicture GmbH & Co. KG (Johner/Per Makitalo), Hamburg; **73.1** stock.adobe.com (gupi), Dublin; **73.2** Klett-Archiv (Jörg Wurst), Stuttgart; **79.1** ShutterStock.com RF (Photobank gallery), New York, NY; **79.2** iStockphoto (Grant Shimmin), Calgary, Alberta; **79.3** stock.adobe.com (Countrypixel), Dublin; **81.1** iStockphoto (Francisco Romero), Calgary, Alberta; **82.1** plainpicture GmbH & Co. KG (DEEPOL/Jakob Fridholm), Hamburg; **82.2** stock.adobe.com (donikz), Dublin; **83.1** plainpicture GmbH & Co. KG (DEEPOL/Christian Ferm), Hamburg; **83.2** Getty Images (Moment), München; **84.1** ShutterStock.com RF (IsakBA), New York, NY; **84.2** Fotolia.com (Erdal Torun), New York; **86.1** ShutterStock.com RF (Jovan Nikolic), New York, NY; **86.2** Klett-Archiv, Stuttgart; **87.4** Zuckerfabrik Fotodesign, Stuttgart; **88.1** Fotolia.com (Matze), New York; **88.2** Fotolia.com (Ewald Fröch), New York; **89.3** Fotolia.com (Thomas Nattermann), New York; **92.1** Getty Images (Monty Rakusen/Cultura), München; **92.2** Getty Images (2005 Ulrich Baumgarten), München; **93.1** plainpicture GmbH & Co. KG (Thomas Grimm), Hamburg; **95.1** iStockphoto (Paul Senyszyn), Calgary, Alberta; **95.2** Getty Images (Flickr/Miguel Sotomayor), München; **97.1** Thinkstock (istockphoto), München; **98.1** Getty Images Plus (E+ / skodonnell), München; **98.2** ShutterStock.com RF (Melissa Dockstader), New York, NY; **99.1** creativ collection Verlag GmbH, Freiburg; **99.2** Fotolia.com (Carmen Steiner), New York; **101.3** Klett-Archiv, Stuttgart; **101.4** Zuckerfabrik Fotodesign, Stuttgart; **101.5** Klett-Archiv, Stuttgart; **103.2** Klett-Archiv (Sonja Beyer), Stuttgart; **103.3** ShutterStock.com RF (Africa Studio), New York, NY; **104.1** stock.adobe.com (suthisak), Dublin; **105.2** Getty Images Plus (PeopleImages/E+), München; **106.1** Fotolia.com (Carmen Steiner), New York; **106.2** ShutterStock.com RF (Jovan Nikolic), New York, NY; **108.1** plainpicture GmbH & Co. KG (Elektrons 08), Hamburg; **113.1** Picture-Alliance (Picture Alliance GmbH, Frankfurt), Frankfurt; **113.2** ShutterStock.com RF (Tom Black Dragon), New York, NY; **114.1** Thomas Weccard Fotodesign BFF (Thomas Weccard), Ludwigsburg

*3 Lizenzbestimmungen zu CC-BY-SA-4.0 siehe: http:// creativecommons.org/licenses/by-sa/4.0/legalcode

Sollte es in einem Einzelfall nicht gelungen sein, den korrekten Rechteinhaber ausfindig zu machen, so werden berechtigte Ansprüche selbstverständlich im Rahmen der üblichen Regelungen abgegolten.

Ordnungszahl	Elementsymbol	Beschreibung der Abbildung
1	H	**Wasserstoff** wird in roten Stahlflaschen aufbewahrt.
2	He	**Helium** wird in Stahlflaschen mit brauner Flaschenschulter aufbewahrt.
3	Li	**Lithium** wird wegen seiner hohen Reaktionsfähigkeit unter Paraffinöl aufbewahrt.
4	Be	elementares **Beryllium**
5	B	elementares **Bor**
6	C	**Kohlenstoff** in der Modifikation Graphit
7	N	**Stickstoff** wird in Stahlflaschen mit schwarzer Flaschenschulter aufbewahrt.
8	O	**Sauerstoff** wird in Stahlflaschen mit weißer Flaschenschulter aufbewahrt.
9	F	**Fluor** wird in Stahlflaschen mit gelber Flaschenschulter aufbewahrt.
10	Ne	**Neon** erzeugt bei der elektrischen Entladung in Leuchtröhren rotes Licht.
11	Na	**Natrium** wird wegen seiner hohen Reaktionsfähigkeit unter Paraffinöl aufbewahrt.
12	Mg	**Magnesium**band
13	Al	**Aluminium**folie wird als Verpackungsmaterial für Lebensmittel verwendet.
14	Si	**Silicium** ist der Grundbestandteil in Mikrochips.
15	P	roter und weißer **Phosphor**
16	S	**Schwefel** in Stangenform
17	Cl	**Chlor** ist gelbgrün und besitzt eine bleichende Wirkung.
18	Ar	**Argon** erzeugt bei der elektrischen Entladung in Leuchtröhren blaues Licht.
19	K	**Kalium** wird wegen seiner hohen Reaktionsfähigkeit unter Paraffinöl aufbewahrt.
20	Ca	elementares **Calcium**
21	Sc	elementares **Scandium**
22	Ti	Künstliche Hüftgelenke sind zumeist aus **Titan**.
23	V	**Vanadium** ist als Legierungsbestandteil in Werkzeugen enthalten.
24	Cr	Sanitär-Armaturen werden häufig mit einer **Chrom**schicht überzogen.
25	Mn	**Mangan**haltiger Stahl (z. B. für technische Federn) ist sehr hart und fest.
26	Fe	Nägel sind oft aus **Eisen**.
27	Co	In Flugzeugturbinen ist **Cobalt** ein Legierungsbestandteil. Es ist stabil bei hoher Temperatur.
28	Ni	In wiederaufladbaren **Nickel**-Metallhydrid-Akkumulatoren dienen Nickelverbindungen als Anode.
29	Cu	**Kupfer**draht
30	Zn	Eine **Zink**beschichtung, z. B. auf Gießkannen, dient als Rostschutz.
31	Ga	**Gallium** ist bei Raumtemperatur zähflüssig.
32	Ge	Aufgrund seiner hohen Infrarotdurchlässigkeit wird **Germanium** in Wärmebildkameras als Linsen-Material eingesetzt.
33	As	**Arsen** ist als Arsen-Gallium-Legierung in Leuchtdioden enthalten. Dort ist es für die rote Farbe verantwortlich.
34	Se	**Selen** ist in Selen-Hefe-Tabletten enthalten, welche die Regenerierung von Haut, Haaren und Nägeln fördern.
35	Br	**Brom** besitzt eine braungelbe Farbe. Es liegt bei Raumtemperatur als Flüssigkeit und Gas vor.
36	Kr	**Krypton** ist als Füllgas in Geiger-Müller-Zählern (Strahlungsdetektoren) enthalten.
37	Rb	**Rubidium** wird wegen seiner hohen Reaktionsfähigkeit in zugeschmolzenen Glasröhrchen aufbewahrt.

Ordnungszahl	Elementsymbol	Beschreibung der Abbildung
38	Sr	**Strontium** wird wegen seiner hohen Reaktionsfähigkeit unter Paraffinöl aufbewahrt.
39	Y	**Yttrium**verbindungen verursachen die rote Farbe in manchen Lasern.
40	Zr	Verschiedene **Zirconium**verbindungen bilden farblose bzw. farbige Kristalle und werden als Schmucksteine verwendet.
41	Nb	**Niob** wird als Legierungsbestandteil in chirurgischen Geräten (z. B. Arztscheren) verwendet.
42	Mo	**Molybdän** wird für Schrauben in der Luft- und Raumfahrt verwendet, da es sehr temperaturbeständig ist.
43	Tc	radioaktives **Technetium**
44	Ru	**Ruthenium**legierungen sind besonders hart. Sie werden deshalb z. B. für Federn von Füllfederhaltern verwendet.
45	Rh	**Rhodium** dient als Beschichtungsmaterial für medizinische Geräte (z. B. Mundspiegel beim Zahnarzt).
46	Pd	Manche Zahnkronen bestehen aus **Palladium**-Gold-Legierungen.
47	Ag	**Silber**schmuck wird oft aus Silberlegierungen hergestellt.
48	Cd	**Cadmium** bildet die Kathode in wiederaufladbaren Nickel-Cadmium-Akkumulatoren.
49	In	**Indium**verbindungen werden vor allem in der Halbleiterindustrie z. B. zur Herstellung von Transistoren eingesetzt.
50	Sn	Konservendosen (Weißblech) bestehen aus **Zinn**legierungen.
51	Sb	**Antimon** wird zur Herstellung von Streichhölzern verwendet. Eine Antimonverbindung färbt die Köpfe rot.
52	Te	Dünnschicht-Fotovoltaikelemente enthalten **Tellur.**
53	I	**Iod** ist schwarzviolett und sublimiert bei Raumtemperatur zu violettem Ioddampf.
54	Xe	**Xenon** wird als Füllgas für Hochdrucklampen verwendet.
55	Cs	**Caesium** wird wegen seiner hohen Reaktionsfähigkeit in zugeschmolzenen Glasröhrchen aufbewahrt.
56	Ba	**Barium** wird wegen seiner hohen Reaktionsfähigkeit unter Paraffinöl aufbewahrt.
72	Hf	elementares **Hafnium**
73	Ta	Aufgrund seiner chemischen Widerstandsfähigkeit wird **Tantal** in Kondensatoren verwendet.
74	W	Aufgrund seiner hohen Dichte können aus **Wolfram** dünne Dartpfeile hergestellt werden.
75	Re	Wegen seiner hohen Schmelztemperatur wird **Rhenium** als Glühdraht in elektrischen Feuerzeugen verwendet.
76	Os	Kugeln aus **Osmium**legierungen ermöglichen verschleißfreies Schreiben bei Kugelschreibern.
77	Ir	Viele chirurgische Geräte (z. B. Injektionsnadeln) bestehen aus **Iridium**legierungen.
78	Pt	Die Hohlräume des Autoabgas-Katalysators sind oft mit **Platin** beschichtet. Platin wirkt als Katalysator.
79	Au	**Gold**barren
80	Hg	Zahnfüllungen können aus Amalgam bestehen. Das ist eine **Quecksilber**legierung.
81	Tl	**Thallium** ist sehr giftig und fruchtschädigend. Es wird daher in einem verschlossenen Gefäß aufbewahrt.
82	Pb	**Blei** bildet in Autoakkus die Anode.
83	Bi	**Bismut** kann als Schmelzdraht in Schmelzsicherungen verwendet werden.

gasförmig flüssig fest Metall Halbmetall Nichtmetall

Hilfe zu den Arbeitsaufträgen

Jede Aufgabe enthält einen klaren Arbeitsauftrag an dich, du musst ihn nur richtig erkennen. Je nach Formulierung erwartet deine Lehrerin oder dein Lehrer ganz unterschiedliche Antworten von dir. Diese Liste hilft dir, Arbeitsaufträge richtig zu verstehen und zu bearbeiten.

abschätzen
das Ergebnis ungefähr angeben und es begründen

angeben/aufschreiben/aufzählen/nennen
Begriffe, Informationen oder
Aussagen zusammentragen

auswerten
Ergebnisse und Schlüsse zum
Beispiel aus einem Text oder
Diagramm ziehen

begründen
Ursachen, Gesetze oder Beweise
für etwas anführen

berichten
zu einem bestimmten Thema
etwas erzählen

beschreiben
eine Sache durch Fachbegriffe und
in eigenen Worten wiedergeben

beurteilen
erkennen, ob eine Aussage zutrifft, und das Ergebnis begründen

bewerten/Stellung nehmen
dir eine eigene Meinung bilden,
begründen und äußern, wie du
zu dem Sachverhalt stehst
(gut oder schlecht)

diskutieren
Meinungen austauschen, einander gegenüberstellen und abwägen

dokumentieren/protokollieren
alles Wichtige zu einem Thema
oder Versuch aufschreiben und
aufzeichnen

eine Vermutung anstellen/formulieren
überlegen, was das Ergebnis sein könnte

einen Versuch planen
überlegen, wie ein Versuch aufgebaut, durchgeführt und ausgewertet werden könnte

entwickeln
zu einem Thema oder Sachverhalt
eigene Gedanken äußern und sie
begründen

erklären
eine Sache mit Regeln, Gesetzmäßigkeiten oder Ursachen
darstellen

erläutern
eine Sache nachvollziehbar und
verständlich darstellen

erörtern
Vor- und Nachteile zu einem Thema
anführen und diese beweisen

ordnen/zuordnen
verschiedene Sachen wie Gegenstände, Geschehnisse usw. in
eine richtige Reihenfolge bringen

präsentieren
ein Referat, ein Plakat oder das
Ergebnis einer Gruppenarbeit
vorstellen

recherchieren
zu einem bestimmten Thema
Informationen sammeln

skizzieren
eine Zeichnung erstellen, die nur das Wichtigste enthält

vergleichen
Dinge in Beziehung setzen und erkennen, was gleich, ähnlich
oder unterschiedlich ist

Hinweis zu den Versuchen
Vor der Durchführung eines Versuchs müssen mögliche Gefahrenquellen besprochen werden. Die geltenden Richtlinien zur Vermeidung von Unfällen beim Experimentieren sind zu beachten. Da Experimentieren grundsätzlich umsichtig erfolgen muss, wird auf die üblichen Verhaltensregeln, insbesondere auf die „Richtlinie zur Sicherheit im Unterricht" (RiSU) nicht jedes Mal erneut hingewiesen.
Einige Substanzen, mit denen im Unterricht umgegangen wird, sind als Gefahrstoffe eingestuft. Sie können in den einschlägigen Verzeichnissen nachgeschlagen werden, zum Beispiel in der GESTIS-Stoffdatenbank der Deutschen Gesetzlichen Unfallversicherung.
Die Versuchsanleitungen sind nach Versuchen für Schülerinnen und Schüler und Versuche für Lehrerinnen und Lehrer unterschieden und enthalten in besonderen Fällen Hinweise auf mögliche Gefahren. Das Tragen einer Schutzbrille beim Experimentieren ist unerlässlich.

1. Auflage

1 6 5 4 3 2 | 26 25 24 23 22

Alle Drucke dieser Auflage sind unverändert und können im Unterricht nebeneinander verwendet werden.
Die letzte Zahl bezeichnet das Jahr des Druckes.

Autorinnen und Autoren: Ariane Grimm, Ute Jung, Dr. Claudia Nagode, Reinhard Peppmeier, Andreas Peters, Dr. Meike Reinhold
Unter Mitarbeit von Autorinnen und Autoren der folgenden Werke: 978-3-12-068509-8, 978-3-12-068522-7, 978-3-12-068551-7, 978-3-12-068637-8, 978-3-12-068883-9, 978-3-12-069005-4, 978-3-12-069010-8, 978-3-12-069020-7

Entstanden in Zusammenarbeit mit dem Projektteam des Verlages.

Layoutkonzeption und Gestaltung: KOMA AMOK®, Kunstbüro für Gestaltung, Stuttgart
Umschlaggestaltung: KOMA AMOK®, Kunstbüro für Gestaltung, Stuttgart
Titelbild: U1.1 plainpicture GmbH & Co. KG (Danel), Hamburg; U1.2 Avenue Images GmbH (Katja Kircher/Maskot/Avenue), Hamburg; 2.1 Getty Images Plus (E+/Bartolome Ozonas), München; U4.1 plainpicture GmbH & Co. KG (DEEPOL), Hamburg
Illustrationen: Matthias Balonier, Lützelbach; Angelika Kramer, Stuttgart; Cyprian Lothringer, Leipzig; Karin Mall, Berlin; Alfred Marzell, Schwäbisch Gmünd; Tom Menzel, Scharbeutz/Klingberg; Otto Nehren, Achern; Gerhart Römer, Ihringen; Werner Wildermuth, Würzburg
Satz: media office GmbH, Kornwestheim
Reproduktion: Meyle + Müller, Medien-Management, Pforzheim
Druck: Firmengruppe APPL, aprinta druck, Wemding

Printed in Germany
ISBN 978-3-12-069200-3

Periodensystem der Elemente

1 | 1,0 **H** 1 — Wasserstoff

mittlere Atommasse in u — 186,2
Ordnungszahl — 75 **Re** — **Elementsymbol**
Metalle
Halbmetalle
Nichtmetalle
■ fest
■ gasförmig
■ flüssig
Elementname — Rhenium

II (2)

2 | 6,9 **Li** 3 — Lithium | 9,0 **Be** 4 — Beryllium

3 | 23,0 **Na** 11 — Natrium | 24,3 **Mg** 12 — Magnesium

Nebengruppen

		III A (3)	IV A (4)	V A (5)	VI A (6)	VII A (7)	VIII A (8/9/10)	

4 | 39,1 **K** 19 — Kalium | 40,1 **Ca** 20 — Calcium | 45,0 **Sc** 21 — Scandium | 47,9 **Ti** 22 — Titan | 50,9 **V** 23 — Vanadium | 52,0 **Cr** 24 — Chrom | 54,9 **Mn** 25 — Mangan | 55,8 **Fe** 26 — Eisen | 58,9 **Co** 27 — Cobalt

5 | 85,5 **Rb** 37 — Rubidium | 87,6 **Sr** 38 — Strontium | 88,9 **Y** 39 — Yttrium | 91,2 **Zr** 40 — Zirconium | 92,9 **Nb** 41 — Niob | 95,9 **Mo** 42 — Molybdän | 98 **Tc** 43 — $4,2 \cdot 10^6 a$ — Technetium | 101,1 **Ru** 44 — Ruthenium | 102,9 **Rh** 45 — Rhodium

6 | 132,9 **Cs** 55 — Caesium | 137,3 **Ba** 56 — Barium | 57–71 Lanthanoide | 178,5 **Hf** 72 — Hafnium | 180,9 **Ta** 73 — Tantal | 183,8 **W** 74 — Wolfram | 186,2 **Re** 75 — Rhenium | 190,2 **Os** 76 — Osmium | 192,2 **Ir** 77 — Iridium

7 | 223 **Fr** 87 — 22 min — Francium | 226 **Ra** 88 — 1600 a — Radium | 89–103 Actinoide | 267 **Rf** 104 — 1,3 h — Rutherfordium | 268 **Db** 105 — 27 h — Dubnium | 269 **Sg** 106 — 3,1 min — Seaborgium | 270 **Bh** 107 — 61 s — Bohrium | 277 **Hs** 108 — 34 s — Hassium | 278 **Mt** 109 — 4,4 s — Meitnerium

Lanthanoide | 138,9 **La** 57 — Lanthan | 140,1 **Ce** 58 — Cer | 140,9 **Pr** 59 — Praseodym | 144,2 **Nd** 60 — Neodym | 145 **Pm** 61 — 17,7 a — Promethium | 150,4 **Sm** 62 — Samarium | 152,0 **Eu** 63 — Europium

Actinoide | 227 **Ac** 89 — 22 a — Actinium | 232 **Th** 90 — $1,4 \cdot 10^{10} a$ — Thorium | 231 **Pa** 91 — $3,3 \cdot 10^4 a$ — Protactinium | 238 **U** 92 — $4,5 \cdot 10^9 a$ — Uran | 237 **Np** 93 — $2,1 \cdot 10^6 a$ — Neptunium | 244 **Pu** 94 — $8,0 \cdot 10^7 a$ — Plutonium | 243 **Am** 95 — 7364 a — Americium